ESCOLHA A ALEGRIA

KAY WARREN

ESCOLHA A ALEGRIA

PORQUE A FELICIDADE NÃO É SUFICIENTE

Traduzido por DANIEL FARIA

Copyright © 2012 por Kay Warren
Publicado originalmente por Revell, uma divisão do Baker Publishing Group,
Grand Rapids, Michigan, EUA.

Os textos das referências bíblicas foram extraídos da NVI (*Nova Versão
Internacional*), da Biblica, Inc., salvo estas indicações específicas: AM
(*A Mensagem*), da Editora Vida; BJ (*Bíblia de Jerusalém*), da Editora Paulus;
NBV (*Nova Bíblia Viva*), da Biblica, Inc.; NTLH (*Nova Tradução na
Linguagem de Hoje*); e RA (*Almeida Revista e Atualizada, 2ª ed.*), ambas da
Sociedade Bíblica do Brasil. Eventuais destaques nos textos bíblicos e citações
em geral referem-se a grifos da autora.

Todos os direitos reservados e protegidos pela Lei nº 9.610, de 19/02/1998.

É expressamente proibida a reprodução total ou parcial deste livro, por
quaisquer meios (eletrônicos, mecânicos, fotográficos, gravação e outros),
sem prévia autorização, por escrito, da editora.

Dados Internacionais de Catalogação na Publicação (CIP)
(Câmara Brasileira do Livro, SP, Brasil)

Warren, Kay

Escolha a alegria: porque a felicidade não é suficiente / Kay Warren; traduzido por
Daniel Faria. — São Paulo: Mundo Cristão, 2014.

Título original: Choose Joy.
Bibliografia.

1. Alegria — Aspectos religiosos — Cristianismo. I. Título.

12-12439 CDD-248.4

Índice para catálogo sistemático:
1. Alegria : Vida cristã : Cristianismo   248.4
Categoria: Autoajuda

Publicado no Brasil com todos os direitos reservados por:
Editora Mundo Cristão
Rua Antônio Carlos Tacconi, 69, São Paulo, SP, Brasil, CEP 04810-020
Telefone: (11) 2127-4147
www.mundocristao.com.br

1ª edição: maio de 2014
3ª reimpressão (sob sistema digital): 2020

Para Kaylie, Cassidy, Caleb, Cole e Claire.
Amo vocês.

Sumário

Agradecimentos   9

Parte 1 – A alegria é minha herança:
Abrace a permissão para ser alegre   11
  1. Buscando uma vida de alegria   15
  2. Revelando quem realmente somos   29
  3. Redescobrindo Jesus, o Homem de alegria   39

Parte 2 – A alegria é uma convicção da mente:
Descubra uma nova maneira de pensar   57
  4. Bebendo de poços secos   61
  5. Adotando o sistema de valores celestial   79
  6. Crendo, mesmo na escuridão   97

Parte 3 – A alegria é uma condição do coração: Cultive
uma resposta da alma que permita à alegria crescer   111
  7. Cultivando a alegria em si mesma   115
  8. Cultivando a alegria nos outros   135

Parte 4 – A alegria é uma escolha do comportamento:
Maneiras de escolher a alegria diariamente   153
  9. Voltando ao básico   157
  10. Amando e rindo juntos   173
  11. Enxergando a alegria em todas as coisas   189

Conclusão   205
Notas   209
Referências bibliográficas   213

*Aqueles que semeiam com lágrimas,
com cantos de alegria colherão.*
Salmos 126.5

Somente o coração que sente dor tem
direito à alegria.
Lewis Smedes

Agradecimentos

À minha maravilhosa família: Rick, sempre serei grata pelo modo como você me incentiva, desejoso de me ver usar meus dons no reino de Deus. Por conhecer o processo de escrever um livro, você é paciente quando estou distraída e absorta em palavras e ideias. Voltar todos os dias para casa e para seu amor por mim é uma das melhores dádivas da vida. Você é uma rocha sólida de estabilidade quando tantas coisas mudam ao nosso redor. A Amy, Tommy, Josh, Jaime e Matthew, obrigada por acreditarem em mim e por incentivarem dizendo "Vá em frente, mãe". A cada ano que passa, eu os amo mais e mais! Tenho tanto orgulho das pessoas que vocês estão se tornando — cheias de integridade, compaixão e esperança. Ah, a propósito, obrigada pelos netos! Mamãe, por favor, posso ser como você quando eu crescer? Quando eu tiver 88 anos, espero estar tão apaixonada por Jesus e seus seguidores quanto você. Que modelo incrível você é! Andy, Zac, Tom, Chaundel, Ryan, Brittani, Alyssa e Luke: ninguém tem irmãos, sobrinhos e sobrinhas mais doces do que eu!

À minha incrível equipe no escritório: Paulette, Joy e Jeanne, vocês tornam minha vida possível! Oraram por mim, riram comigo, garantiram que meu copo de chá gelado estivesse cheio, cuidaram de minha agenda, acertaram detalhes, deram-me ânimo quando eu não saía do lugar, tomaram conta de meus netos e, mais que tudo, vocês me amaram. Onde eu estaria sem vocês?

À minha equipe de oração: vocês sabem quem são; são aqueles que me levaram a Deus quando eu mal conseguia me arrastar para fora da cama. Vocês estiveram lá na escuridão e na radiante luz do sol, intercedendo fielmente em todas as horas, dia e noite. Houve dias em que saber que vocês estavam conversando com Deus em meu favor e em prol de minha família fez a diferença entre desistir e seguir em frente.

Às mulheres da Igreja de Saddleback: temos andado juntas nos trilhos paralelos da alegria e da tristeza por mais de trinta anos. Tem sido a maior honra passar minha vida com vocês.

Ao pessoal competente e atencioso da Baker Books e da Revell: Jack Kuhatschek, Jennifer Leep, Twila Bennett, Michele Misiak, Janelle Mahlmann, Deonne Lindsey, Claudia Marsh e Dave Lewis e seu excelente grupo de vendedores. Aprecio sua boa vontade de tornar um sonho realidade. Andrea Doering, você é esplêndida; sou muito feliz por você ter sido a minha editora!

PARTE 1

A alegria é minha herança

Abrace a permissão para ser alegre

> Você faz parte do time!
> Você ganhou uma bolsa de estudos!
> Nós gostaríamos de contratá-la!
> Quer se casar comigo?
> Excelente trabalho em fechar aquele negócio!
> Você acaba de ganhar férias com todas as despesas pagas!
> Não há sinal nenhum de câncer!

Esses são alguns dos momentos mais doces da vida, quando tudo vai bem com o mundo, as esperanças mais estimadas e os sonhos mais ousados se tornam reais, e o coração quase explode de tanta felicidade. É nessas horas que dizer "amo muito tudo isso", como naquela propaganda, parece plenamente adequado.

Porém, há também momentos em que nada parece dar certo, tudo o que poderia dar errado dá errado e as esperanças estimadas e os sonhos audaciosos encontram-se aos cacos sob seus pés. Esses são os momentos em que o coração sofre com a amargura de desejos não realizados, promessas não cumpridas, ou uma tristeza tão forte que ameaça colocá-la de joelhos.

Onde é que a *alegria* se encaixa nessas cenas da vida?

Compartilhar tempo significativo com a família e os amigos, ter um bom emprego, desfrutar de boa saúde, estar com as finanças em ordem — não são estes os tijolos para construir uma vida feliz? A maioria de nós diria que esses momentos felizes produzem a alegria, não é? Provavelmente todo mundo concordaria que os sentimentos de felicidade costumam ser difíceis de encontrar; é melhor agarrá-los assim que puder. Isso não é suficiente?

Por outro lado, estamos certos de que os momentos dolorosos nos roubam a alegria; qualquer mulher que diz experimentar alegria junto a uma sepultura está apenas sendo politicamente correta, concorda? Nenhuma de nós acredita nela, mas acenamos em concordância e dizemos as palavras certas a fim de que ninguém saiba que, no interior, nós duvidamos da sabedoria de Deus, de sua bondade e misericórdia.

Será que a alegria é realmente uma possibilidade para peregrinos confusos e desorientados na jornada da vida? Será que a *alegria* é apenas uma palavra bíblica que nada tem a ver com a vida real?

Questões importantes. Quero dizer, questões realmente importantes. Eu devia saber; são minhas questões, afinal. Tenho a sensação de que você tem feito perguntas similares — ao menos em sua mente. Talvez nunca tenha se sentido confortável em expressá-las em voz alta, mas elas circulam em sua cabeça, especialmente nos momentos de maior dificuldade.

Você já se perguntou por que algumas pessoas parecem experimentar alegria profunda e autêntica em seu dia a dia, mesmo nos momentos mais difíceis, e outras parecem não conseguir encontrá-la, não importa quanto procurem? Muitas de nós acabamos desistindo da busca, presumindo que tivemos a infelicidade de estar do lado errado da porta quando Deus distribuía alegria. Com frequência, parece-me que somente alguns poucos sortudos receberam a dádiva da alegria, e que um grupo menor ainda conhece o "segredo" da alegria.

Estou aqui para dizer: descobri que isso não é verdade! Ainda que neste momento não lhe pareça assim, a alegria está disponível para você. Talvez você esteja pensando: "Não sinto alegria tanto quanto outras pessoas. Ser alegre não é para mim". Ou: "Alegria significa viver negando todo o sofrimento do mundo". Porém, como descobri em minha vida, a alegria não diz respeito às suas circunstâncias ou à maneira como você se sente. Definitivamente, não diz respeito a viver negando e ignorando a tristeza ou o sofrimento. A alegria é algo mais profundo, mais rico, mais estável, e certamente mais acessível do que você possa imaginar.

Essa é a beleza da alegria que Deus oferece. Não há mais a necessidade de viver com medo ou preocupação, pois a alegria de Deus sempre estará disponível para você. Neste mundo vocês terão aflições, disse Jesus. Ainda assim, é possível ter ânimo. É possível receber alegria. Você não é dependente de ninguém nem de coisa alguma senão de Deus e de si mesma para conhecer a alegria.

Há uma promessa que desejo fazer antes de começar: serei honesta com você sobre minha vida e minha busca por alegria — talvez mais honesta do que você considera apropriado. Não vou encobrir minhas dúvidas, falhas e pecados; confessarei a você — e a mim mesma — minhas lutas exaustivas com Deus, no meio da noite, a respeito de questões de fé. Permitirei que conheça os mecanismos internos da minha fé durante o processo, porque acho que minha própria fé é edificada quando conheço mais alguém que está lutando e, por vezes, tendo êxito em deixar que Cristo se forme em seu interior. O crescimento espiritual não acontece de modo automático e raramente é bonito de se ver; estamos todos "em construção" até o dia em que morreremos e finalmente alcançaremos "a verdadeira vida" (1Tm 6.19). Portanto, vamos caminhar lado a lado por um tempo, e eu partilharei com você o que estou aprendendo sobre como escolher a alegria todos os dias... nos melhores e nos piores momentos... a todo instante.

1 Buscando uma vida de alegria

"Ele encherá de riso a sua boca
e de brados de alegria os seus lábios."

Jó 8.21

O sofrimento é inevitável, mas a infelicidade é opcional.
Não podemos impedir o sofrimento, mas podemos impedir
a alegria.

Tim Hansel

Considerando que cresci na casa de um pastor, frequentei uma
faculdade cristã, casei-me com um pastor, tornei-me professora de
ensino bíblico e fui coautora de um livro sobre teologia sistemática
para cristãos leigos, você poderia naturalmente supor que meu
comportamento espiritual encontra-se em total harmonia e que
tenho domínio sobre essa "coisa" da alegria. Quem dera pudesse
confirmar essa suposição! Para ser sincera, escrevi este livro porque
não há nada em harmonia por aqui! Você e eu partilhamos as
mesmas dúvidas e lutas, e eu preciso de alegria tanto quanto você.

A alegria não vem fácil para mim; sem dúvida, sou mais
do tipo que vê o copo meio vazio. Na verdade, desde que me
entendo por gente, tenho problemas com uma espécie de
depressão crônica. Quando garotinha, era emocionalmente
intensa — chorava fácil, agonizada com a dor que os outros
sentiam, e carregava o peso do mundo em meus pequenos
ombros. Então, não estou falando com você do ponto de vista
de uma dessas pessoas delirantemente felizes e superanimadas

16   ESCOLHA A ALEGRIA

que nunca têm um dia ruim. Em certos dias, a única coisa que me anima é conseguir sobreviver!

A Bíblia apresenta algumas ordenanças extremamente difíceis de entender e ainda mais difíceis de pôr em prática. Uma das ordenanças mais penosas é o perdão a nossos inimigos. À luz das terríveis crueldades e maldades que somos capazes de infligir uns aos outros, isso é quase pedir que um sedentário escale o monte Everest — impossível. A Bíblia diz também para não nos preocuparmos com coisa alguma. *Coisa alguma? Sério?* Muitas de nós passamos uma boa parcela de nosso tempo preocupadas ou ansiosas a respeito de algo. Sendo razoável, como Deus poderia esperar que não nos preocupássemos? A meu ver, porém, ainda mais difícil que qualquer uma dessas duas ordenanças é esta que encontro em Tiago 1.2: "Considerem motivo de grande alegria o fato de passarem por diversas provações".

Você está brincando comigo? Ao passar por provações, meus primeiros pensamentos não costumam ter muito a ver com experimentar grande alegria. Minha reação típica está mais associada a medo, pânico, preocupação e até desespero. Na melhor das hipóteses, reservo-me o direito de reclamar e lamentar por minhas provações — que dificilmente são oportunidades para grande alegria.

> "Considerem motivo de grande alegria o fato de passarem por diversas provações."

E, de fato, meus esforços para viver com alegria foram o motivo pelo qual comecei a investigar por que minhas experiências não condiziam com as Escrituras. Estudei a vida de Jesus Cristo e observei o modo com que personagens bíblicos como o rei Davi; Maria, a mãe de Jesus; o apóstolo Paulo; e Tiago, o meio-irmão de Jesus, reagiram às provações, tristezas e dificuldades. Por exemplo, o apóstolo Paulo escreveu em Romanos 5:

> Continuamos a expressar nosso louvor, mesmo que estejamos cheios de problemas, porque sabemos que os problemas podem desenvolver em nós paciência e como a paciência, por sua vez, forja o aço temperado da virtude, mantendo-nos atentos quanto ao que Deus pretende fazer; desse modo, passamos a ter esperança. Com essa expectativa, jamais nos sentiremos enganados. A verdade é que nem temos como reunir todas as vasilhas necessárias para encher com tudo que Deus generosamente derrama sobre nossa vida, por meio do Espírito Santo!
>
> Romanos 5.3-5, AM

Percebi uma lacuna do tamanho do Grand Canyon entre a vida deles e a minha, e isso começou a me incomodar. Estava evidente que a alegria — mesmo na dor — era algo que os escritores bíblicos esperavam que os cristãos experimentassem com certa frequência, mas não acontecia comigo. Indagar o que havia de diferente em sua fé, que lhes permitia responder às suas circunstâncias com alegria, lançou-me a uma intensa pesquisa pessoal. Por que havia uma discrepância entre a minha experiência e a deles? Eu precisava saber como preencher a gigantesca lacuna que estava me impedindo de viver uma vida alegre.

Darei mais detalhes adiante a respeito do que tenho descoberto, mas me permita pular para a conclusão da pesquisa e dizer a você o resultado: *a alegria é uma escolha*. Nada que eu vá dizer no restante do livro é mais fundamental para a maneira pela qual você viverá seus dias. A alegria é uma escolha. O nível de alegria que você experimenta depende por completo de você. Não depende de mais ninguém — o que os outros fazem ou não, como se comportam ou não. A alegria não pode ser manipulada pelas ações de seres humanos frágeis. Não depende do nível de tristeza, sofrimento ou dificuldade que você suporta. A alegria não pode ficar refém do medo, da dor, da raiva, da decepção, da tristeza ou do pesar. No final do dia, qualquer dia que seja, a dose de alegria que você experimenta é a dose exata de alegria que escolhe experimentar. É você, minha amiga, quem está no comando. Quanto mais cedo abraçar essa realidade básica, mais cedo será capaz de viver uma vida de maior alegria.

A curva normal da alegria

Cada uma de nós aborda a ideia da alegria à sua maneira. Talvez você se lembre de uma aula de estatística no ensino médio ou na faculdade sobre a Distribuição de Probabilidade de Gauss — bem, provavelmente não — mas, falando o português simples, pense na curva normal, aquela que tem formato de um morro. Numa extremidade dessa curva estão as pessoas que não precisam se esforçar muito para ter alegria. Sua natureza temperamental é otimista e disposta — o copo está meio cheio. Às vezes elas realmente me irritam porque nunca param de sorrir e parecem flutuar pela vida com uma postura livre, leve e solta. Murmuro para mim mesma: "Queria ver se ela estaria sorrindo assim se tivesse os meus problemas". Talvez ela esteja de fato vivendo uma vida encantadora; a vida ainda não a estapeou o bastante. Outra possibilidade, porém, é que a vida a tenha estapeado o suficiente, então ela passou por uma séria reforma espiritual e aprendeu a acessar a alegria todos os dias. Seja como for, existem algumas mulheres na extremidade positiva da curva.

A imensa maioria de nós se encontra no meio dessa curva. A vida não é ruim; somos moderadamente felizes, num nível nem alto nem baixo demais. De modo geral, não ficamos desanimadas ou deprimidas em demasia. Admitimos a sensação de cansaço, talvez um pouco de tédio pela rotina e por vezes até algum desinteresse. Alegria diária? Não tenho tanta certeza. Mas, acrescentemos logo, não há nada realmente *errado*.

À medida que a curva vai descendo, existe um grupo ainda menor de pessoas na outra ponta. Estão escondendo — ou não — um poço cavernoso de depressão. Sair da cama todas as manhãs é uma tarefa árdua, e os prazeres da vida se esvaem; é complicado rir e sorrir. A alegria simplesmente evaporou. Pode ser por causa de estresse num relacionamento, uma mudança de emprego, uma enfermidade física ou mesmo uma grande tristeza ou perda. Enquanto mulheres com depressão leve podem se recuperar rapidamente, as que trilham a árdua estrada do luto muitas vezes levam anos para processar a tristeza antes de conseguir restaurar o equilíbrio emocional e espiritual. Mas a depressão que as acompanha pode levá-las à sensação de culpa, uma vez que sabem que "deveriam" ser alegres e não são.

A depressão também pode estar presente em razão de um desequilíbrio químico. Não falamos muito a esse respeito, mas uma grande quantidade de cristãos enfrenta depressão e estresse por conta de um descompasso bioquímico. Algumas mulheres apresentam transtorno bipolar, que se caracteriza por oscilações radicais de humor entre períodos de euforia exacerbada e depressão incapacitante. Esquizofrenia, transtornos de personalidade ou tantas outras formas de enfermidade mental — algumas leves, outras severas — flagelam tanto famílias cristãs como famílias não cristãs. A deficiência física é evidente ao observador casual, mas a fragilidade mental pode se esconder debaixo de uma aparência exterior "normal".

Minha amiga Shannon Royce diz que isso é ter uma "deficiência oculta".[1] Infelizmente, em razão de nosso desejo inato de negar os problemas e da postura radical dos que acreditam que qualquer distúrbio psicológico é, sobretudo, uma questão de discipulado ineficaz, os cristãos costumam ser relutantes em discutir questões de enfermidades mentais. Isso faz que milhões sofram sozinhos, envergonhados e, pior de tudo, sem o suporte da igreja. O estigma é real. E dói.

Seguindo a curva, há um grupo ainda menor de pessoas na extremidade máxima, as quais estão contemplando o suicídio. Isso se refere a algumas de vocês, que fizeram o melhor possível, e o melhor já não é suficiente. Você está exausta de lutar para sobreviver mais um dia, e a fuga das circunstâncias dolorosas começou a dominar seus pensamentos. Talvez até se pergunte se sua família estaria em melhor situação sem você. Certamente pensou que *você* estaria em melhor situação se não experimentasse tamanho sofrimento. A alegria lhe é tão estranha quanto um país estrangeiro. Ela está tão distante que você acredita que nunca irá alcançá-la novamente nem sabe ao certo se possui energia para tentar. Conversar sobre sua luta é algo que você considera difícil ao extremo, especialmente se é uma seguidora de Cristo. Se mencionar enfermidade mental na igreja é um tópico de risco, então falar sobre suicídio ou pensamentos suicidas talvez seja o tabu supremo.

É possível que você esteja lendo este livro porque alguém que a considera muito importante está ciente da enorme batalha que você enfrenta e anseia vê-la experimentar alegria outra vez. Como disse John Eldredge: "A história de sua vida é a história de um longo e brutal assalto a seu coração por aquele que sabe o que você poderia ser e teme isso".[2] O inimigo de seu coração, Satanás, não quer que você deixe a condição de desespero. Mas aquele que ama seu coração ferido, Jesus Cristo, tem um plano melhor para você, e isso inclui a alegria.

Seja qual for sua posição nessa curva, Deus tem uma doce palavra de ânimo para você: em sua vida, existe esperança concreta e genuína por alegria. Mesmo que esteja em meio ao desespero neste exato momento, você pode experimentar alegria. Não é algo que está fora de seu alcance! A felicidade por si só nunca será suficiente; é simplesmente frágil demais, duvidosa demais, imprevisível demais. Você existe para algo além. Você existe para experimentar uma vida de alegria.

> Você existe para algo além. Você existe para experimentar uma vida de alegria.

CRIADOS PARA A ALEGRIA

Adoro um livro que Lewis Smedes escreveu muitos anos atrás, chamado *How Can It Be All Right When Everything Is All Wrong?* [Como pode estar tudo bem quando tudo vai mal?]. Smedes escreveu:

> Você e eu fomos criados para a alegria e, se ignorarmos esse fato, perderemos a razão de nossa existência! Além disso, a razão por que Jesus Cristo viveu e morreu na terra foi restaurar-nos à alegria que perdemos. [...] O Espírito dele nos traz o poder de acreditar que a alegria é nosso direito inato, pois o Senhor fez este dia para nós.[3]

Jesus morreu para *restaurar a alegria* que é nossa herança, a alegria que perdemos quando Adão e Eva se rebelaram contra Deus e prepararam o terreno para nossa própria rebelião espiritual.

A boa notícia é que, quando nos damos conta de que estamos vivendo em rebeldia espiritual contra Deus — não necessariamente por meio de ações graves, terríveis, mas por uma atitude do tipo "Não preciso de você, Deus"— temos a oportunidade de receber Jesus Cristo como nosso Senhor e Salvador. Juntamente com Jesus Cristo, recebemos seu Espírito Santo (Gl 4.4-7). E com o Espírito Santo vem essa bela dádiva da alegria, nosso direito inato — não uma opção entre muitas, mas nosso *direito inato* (cf. Gl 5.22).

Deus nos *criou* para sermos alegres. Não há qualquer dúvida a esse respeito. Porém, Deus deixou por nossa conta a decisão de acessar essa alegria. Você e eu temos de decidir se vamos escolher a alegria — criada por Deus, comprada e paga pela morte de Jesus, dada como um presente pessoal do Espírito Santo — ou não.

Ao se pensar nisso dessa maneira, é difícil imaginar por que alguma de nós recusaria a dádiva de alegria oferecida por Deus. Mas, por vezes, é o que fazemos.

Trilhos paralelos

Eu costumava pensar que a vida acontecia em ondas: havia uma onda de circunstâncias boas e agradáveis, seguida por uma onda de circunstâncias más e desagradáveis, com um monte de fluxo e refluxo no meio. Ou então que a vida era uma série de colinas e vales; às vezes estamos por cima, às vezes por baixo. Acabei me dando conta, porém, de que a vida tem muito mais a ver com um conjunto de trilhos paralelos, com alegria e tristeza correndo inseparáveis ao longo dos dias.

Acontecem coisas boas todos os dias de sua vida. Beleza, prazer, satisfação e talvez até entusiasmo — esse é o trilho da alegria.

Entretanto, em todos os dias de sua vida há também decepção, desafios, lutas e talvez até perdas para você ou para aqueles que você ama — esse é o trilho da tristeza. A maioria de nós tenta "enganar" o trilho da tristeza concentrando os esforços no trilho da alegria, como se, por meio de nossa perspectiva positiva ou pela negação pura e simples da realidade, pudéssemos fazer o trilho da tristeza desaparecer. Isso é impossível porque a alegria e a tristeza estarão sempre ligadas. E, no estranho paradoxo do universo, no exato momento em que você e eu sentimos dor, estamos também cientes da doçura do amor e da beleza ainda a ser encontrada. Do mesmo modo, no exato momento em que estamos cheios de fervoroso deleite, temos a incômoda percepção de que as coisas ainda não são completamente perfeitas. Não importa quão "positivo" seja nosso pensamento ou quão árdua seja nossa tentativa de visualizar apenas a felicidade, o trilho da tristeza permanece ali. Um dos desafios mais difíceis na vida é aprender a andar em ambos os trilhos ao mesmo tempo.

Mas há esperança! Olhe adiante comigo.

Meus netos são fanáticos por trens e, por isso, costumo levá-los a uma estação onde os trens da Amtrak[4] passam diversas vezes ao dia. Quando o bilheteiro não está olhando e a barra está limpa, nós subimos juntos nos trilhos e olhamos para a frente, à espera do primeiro sinal de um trem se aproximando. À medida que contemplamos com atenção o horizonte distante e brilhante, os trilhos paralelos se tornam um só, não se distinguem mais um do outro.

E será assim também conosco. Durante nossa vida, nós "subimos nos trilhos" à procura de sinais da volta de Jesus Cristo. Atentamos para imagens e sons que nos alertarão de que sua aparição está próxima. Fixamos o olhar no horizonte, com a esperança de vislumbrar Jesus. Um dia, no esplendor de sua vinda, vamos encontrá-lo face a face. E quando isso acontecer, os trilhos da tristeza e da alegria se fundirão. A tristeza desaparecerá para sempre, e somente a alegria permanecerá. Todas as coisas finalmente farão sentido. Mas enquanto esse dia não chega, vivemos com trilhos paralelos, o da alegria... e o da tristeza.

A DEFINIÇÃO DE ALEGRIA

Por que relutamos tanto em acreditar que a alegria pode ser uma realidade? Consigo pensar em diversas razões possíveis.

A primeira é que a maioria de nós não possui modelos de alegria. Não conhecemos muitas pessoas que tenham preenchido a lacuna entre sua experiência de vida e o que as Escrituras ensinam. A maior parte das pessoas para quem olhamos está nadando, assim como nós, nas águas profundas da escassez de alegria.

Você se considera capaz de dar nome a duas pessoas que vivem uma vida de alegria da maneira que a Bíblia descreve? Algumas de vocês vão erguer as mãos de imediato e dizer: "Com certeza! Eu conheço milhares de pessoas que são alegres!". Não me refiro a pessoas que apenas são naturalmente extrovertidas, sorriem e dão muitas gargalhadas. Refiro-me a homens e mulheres que encarnam o tipo de resposta às provações citado em Tiago 1: aqueles que as consideram uma oportunidade de experimentar grande alegria. Isso talvez mude o número de pessoas alegres que você pensa conhecer. Então, vamos em frente. Consegue pensar em cinco pessoas? E que tal dez? (Estou me sentindo como Abraão, negociando com Deus para salvar Sodoma e Gomorra!) Falando sério, duvido que muitas de vocês possam, sinceramente, dar o nome de dez pessoas que vivam uma vida alegre. Alguns anos atrás, tentei montar uma lista com as pessoas que encarnam o que significa viver com alegria. Por fim, pensei em duas pessoas; uma delas havia morrido, e a outra não era eu! Sem modelos a seguir, estamos diante da tarefa assustadora de descobrir o que significa viver com alegria.

Outra razão pela qual hesitamos em acreditar que a alegria está ao nosso alcance é que, ao examinarmos nossa vida, vemos como estamos longe de reagir considerando as lutas "motivo de grande alegria". Dizemos a nós mesmos: "Um dia desses vou atrás da alegria, mas não hoje. Quer dizer, se ela cair no meu colo, ótimo. Mas terminar o dia de hoje já me deixaria feliz. De verdade, ficaria emocionada só por ter uma boa noite de sono! Esse papo de alegria me dá uma canseira enorme".

Assim, com base no fato de que não temos um modelo de alegria e de que nossa experiência de vida não condiz com o que lemos na Bíblia, muitas de nós concluem que a alegria não vai aparecer. Se aparecer, será uma surpresa total. Não será algo que possamos controlar.

É por isso que nossa definição de alegria é fundamental. Se essa definição for inadequada, pode-se erroneamente presumir que alegria e felicidade são sinônimos e que ter sentimentos felizes implica que somos alegres — ou que a falta deles significa que não temos alegria. Passamos o dia num parque de diversões, ou participamos de um evento esportivo, ou temos férias fantásticas, e concluímos que os sentimentos felizes que experimentamos equivalem à alegria; ou observamos uma mulher que parece sempre animada e otimista e achamos que ela tem alegria.

Não necessariamente. Você não pode examinar o coração dela. Não pode examinar a vida dela para saber como reage quando os momentos difíceis aparecem. Tudo o que vê é a face que ela apresenta ao mundo, e está concluindo que aquilo é alegria.

Mas se a alegria não é uma sensação tenra e difusa, ou um sorriso no rosto, e não é dependente das circunstâncias, o que é?

Alguns anos atrás, li uma citação de Paul Sailhamer que disse que a alegria vem de saber que Deus está no controle de nossa vida.[5] Gostei bastante da frase, mas queria mais palavras sobre o assunto, a fim de expressar de forma adequada o que acredito que as Escrituras ensinam sobre como viver uma vida alegre. Escrevi uma definição de alegria e a memorizei, de modo que, nos momentos em que me sinto trêmula, possa lembrar a mim mesma esta verdade poderosa: a alegria é a firme certeza de que Deus está no controle de todos os detalhes de minha vida, a serena confiança de que, no final, tudo vai dar certo, e a obstinada escolha de louvar a Deus em todas as coisas.

> A alegria é a firme certeza de que Deus está no controle de todos os detalhes de minha vida, a serena confiança de que, no final, tudo vai dar certo, e a obstinada escolha de louvar a Deus em todas as coisas.

Entendeu? A alegria é uma firme convicção *sobre* Deus. É uma confiança tranquila *em* Deus. Uma opção imutável de dar meu louvor *a* Deus.

Vou repetir essa definição ao longo de todo o livro, porque ela precisa ficar impregnada em sua alma. Minha oração é que você a memorize também e que ela venha à sua mente toda vez que o mundo parecer desmoronar. Sei quão profundamente a minha vida muda conforme desenvolvo uma certeza firmada *sobre* Deus e sua bondade. Minha confiança *em* Deus cresce à medida que creio que ele está trabalhando nos bastidores para ajustar todos os detalhes de minha vida a seu plano bom. E minha determinação de dar meu louvor *a* Deus me conduz lentamente à alegria que sempre desejei. Quero que o mesmo aconteça com você!

Quando digo "Tudo vai dar certo", não é o mesmo que dizer: "Não se preocupe, seja feliz", ou alguma outra frase bacaninha. Acreditar que no final tudo vai dar certo leva em conta acidentes de carro, câncer, falência, aborto, depressão e todas as outras aflições que enfrentamos. Escolher acreditar que Deus está sempre trabalhando, tecendo os fragmentos de nossa vida, sempre no controle de tudo, significa que a vida *vai* cooperar para nosso bem e para a glória dele.

É claro, nós queremos todas as respostas agora, hoje, neste momento. E queremos mais que respostas simples. Queremos explicações em três vias, com uma certificação de que Deus encontra-se qualificado para tomar tais decisões — muito obrigada. É por isso que a expressão *no final* está em nossa definição de alegria. Deus não promete respostas ou explicações sob demanda. Ele promete alegria.

Portanto, alegria é muito mais que coisas externas. É muito mais que o sentimento feliz, vertiginoso, que pode surgir a todos nós de vez em quando. A alegria de que Deus fala em sua Palavra é algo com que você pode contar. Não tem nada a ver com as circunstâncias da vida — o que, descobri também, é uma notícia muito boa.

Nos capítulos a seguir, veremos como é possível saber que Deus nos criou para a alegria e de que maneira os momentos alegre e tristes de Jesus nos dão permissão para escolher a alegria mesmo em meio à dor. Veremos ainda como desenvolver hábitos da mente e do coração que nos deixam livres para escolher a alegria todos os dias em nossos pensamentos, palavras e relações com outras pessoas.

A alegria não é apenas um complemento simpático à vida cristã, a cereja no topo do bolo. É o *propósito* de Deus para sua vida. É hora de abraçá-la!

Oração

Pai, desejo escolher a alegria em minha vida. Reacende a esperança em meu coração. Ajuda-me a continuar buscando a alegria que me pertence em Jesus Cristo. Em nome de Jesus, amém.

Para reflexão e aplicação

1. O que você permite que a impede de viver uma vida de alegria?
2. Reserve um minuto para ler a definição de alegria descrita neste capítulo. Fique em silêncio e permaneça imóvel enquanto reflete sobre essa definição. Quais palavras são mais fáceis de aceitar em sua vida? Quais são as palavras mais difíceis de admitir?

2 Revelando quem realmente somos

Então a nossa boca encheu-se de riso,
e a nossa língua de cantos de alegria.
Até nas outras nações se dizia:
"O Senhor fez coisas grandiosas por este povo".

Salmos 126.2

Eu acreditaria na salvação deles se eles se parecessem um pouco mais com pessoas que foram salvas.

Friedrich Nietzsche, a respeito dos cristãos que conheceu.

Tiago, o meio-irmão de Jesus que escreveu a carta de Tiago, não admitiu que Jesus, durante seu ministério na terra, fosse o Messias; mais tarde, porém, tornou-se pastor e pilar da igreja primitiva. A tradição nos diz que ele foi martirizado por sua fé, por isso anseio sempre ouvir o que esse homem, que escreveu as famosas palavras que constituem a base para este livro, tem a dizer. Sem dúvida, é alguém que acreditava no que dizia:

Amigos, quando lutas e aflições os atingirem em cheio, saibam que isso é um presente especial. Vocês verão como a fé será fortalecida e como terão forças para continuar até o fim. Por isso, não desistam facilmente. Essa perseverança os ajudará a permanecer e a desenvolver plenamente o caráter de vocês.

Tiago 1.2-4, AM

Tiago diz que, nos momentos difíceis, nossa "fé será fortalecida" e teremos "forças para continuar até o fim". Isto sim é um pensamento intimidador: não importa em que você diz crer ou em que os outros *pensam* que você crê, não há como fugir ou fingir quando se está no fundo do poço — quando se recebe um terrível diagnóstico, um ente querido morre, as finanças desmoronam, os filhos optam por uma vida caótica, alguém vai para a prisão, ou uma enfermidade mental destrói um relacionamento.

A fé que afirmo ter é revelada nesses momentos — não para Deus, porque ele já sabe o real estado de meu coração, mas para mim. Meu verdadeiro ser não pode mais se esconder atrás de sorrisos dominicais ou de cumprimentos educados a um vizinho no portão. De repente, o que ficava submerso em minha vida vem à tona, e todas as minhas grandiosas declarações de fé perdem o valor. O que importa nesses instantes é o que eu *faço*.

Às vezes, nossa reação a uma situação difícil está tão distante de uma resposta bíblica que, em choque, damos um passo para trás e dizemos: "Pensei que era uma cristã melhor que isso. Pensei que era uma crente mais madura. Pensei que tinha mais vigor em minha fé. Que nada! Quase não se vê isso por aqui". Por mais que seja doloroso ter consciência das falhas em nossa fé, podemos ser gratas porque os momentos difíceis nos dão um relatório preciso sobre onde precisamos mudar e crescer.

Mas há outro benefício inesperado que surge quando minha fé é trazida à tona por meio de circunstâncias dolorosas: um mundo observador consegue ver o que de fato significa crer em Deus. O apóstolo Paulo diz:

> Façam tudo pronta e alegremente — nada de brigas ou apelações! Apresentem-se imaculados para o mundo, como um sopro de ar fresco nesta sociedade poluída. Deem às pessoas um vislumbre de uma vida boa e do Deus vivo. Levem a Mensagem portadora de luz noite adentro.
>
> Filipenses 2.14-15, AM

Outra tradução diz: "Brilhem entre eles como as estrelas do universo" (NBV).

Quando os céus desabam e somos lançadas no caos, nossa fé é subitamente exposta para todo mundo ver — vizinhos, amigos, familiares descrentes e colegas de trabalho. E a Bíblia diz que a fé deveria proporcionar um contraste gritante para a vida dos incrédulos, tanto que seria como olhar para uma estrela brilhante contra o negrume do céu em uma noite escura — impossível não notar a diferença.

Muitos amigos e conhecidos olham para você com ávida curiosidade: "Como um cristão reage nesta situação? O que faz alguém que vai à igreja toda semana, e tem um daqueles adesivos de peixe na traseira do carro, quando coisas ruins lhe acontecem?". Com frequência, as pessoas fazem essas perguntas não para julgar ou criticar, mas porque desejam mesmo saber se o fato de ser cristã faz uma diferença prática em sua vida. Quando você reage exatamente da mesma forma que elas agem em uma crise, não podem deixar de se perguntar: "Por que, afinal, eu precisaria do Deus dela?". Temos de nos fazer a mesma difícil questão: se o fato de sermos cristãs não faz diferença alguma no modo como respondemos aos problemas, o que há de bom em nossa fé? O que temos ganhado por ir à igreja todo fim de semana, frequentar os estudos bíblicos, memorizar as Escrituras e enviar nossos filhos para colégios cristãos se, quando o problema aparece, somos iguais a todos os outros?

> Se o fato de sermos cristãs não faz diferença alguma no modo como respondemos aos problemas, o que há de bom em nossa fé?

Isso nos leva de volta à imagem dos trilhos paralelos da tristeza e da alegria. Quando as provações exporem nossa fé, os outros nos verão aceitando tanto a alegria como a dor da vida? Não precisamos vivenciar uma e negar a outra. As pessoas que nos cercam precisam reconhecer que esses dois elementos fazem parte de nossa vida e que ambos nos dão esperança de alcançar o céu.

CONSTRUINDO UMA FÉ MAIS FORTE

Como disse antes, luto para escolher a alegria como resposta inicial às más notícias. Minha primeira reação normalmente é preocupação ou ansiedade, e não alegria nem dar graças a Deus por essa "dádiva". E quando vejo esse tipo de reação em mim, fico desapontada ao perceber quão longe ainda tenho de ir para ser uma mulher de Deus mais madura.

É exatamente esse o ponto de Tiago. O único modo de crescer espiritualmente — amadurecer e se desenvolver na fé — é passar pelo fogo da provação, da tentação e das dificuldades. Uma fé não testada é uma fé pouco confiável. Odiamos o processo de refinação que nos faz parecidos com Jesus Cristo em nosso caráter porque envolve dor, tristeza, estresse e perturbação. Ronald Dunn diz: "Por que a luta é tão implacável? Porque Deus quer mudar-nos, e nós não queremos ser mudados".[1] Todos nós queremos o *produto* das provações e do sofrimento — a maturidade — sem ter de passar pelo *processo*. Porém, Tiago adverte a não tentarmos nos esquivar dos tempos difíceis muito cedo; se o fizermos, provocaremos um curto-circuito no processo e permaneceremos imaturos. Eu não quero ser uma criança espiritual ou emocional. Você quer?

Hora de fazer outra confissão verdadeira. Admito que já disse a Deus: "Tudo bem, posso permanecer como um bebê espiritual; posso conviver com a ideia de continuar imatura e subdesenvolvida, porque crescer dói!". Mas, no fundo do coração, não é isso que desejo. Eu desejo que minha fé seja firme e forte, madura e bem-desenvolvida. Estou disposta a permitir que provações e problemas exponham minha vida de fé de modo que saberei permanecer no caminho até tê-lo concluído, não somente para meu benefício, mas para o dos que observam minha vida.

Um mundo observador, formado por amigos, familiares, vizinhos, colegas de trabalho e eventuais conhecidos, tem dúvidas sobre questões espirituais, especialmente no que diz respeito ao sofrimento e à presença do mal no mundo e em sua própria vida. Eles estão mal informados e confusos sobre Deus, Jesus, o Espírito Santo e a Bíblia. A maneira como respondemos às provações — com esperança, como uma estrela a brilhar no céu escuro — pode dar-nos a oportunidade de responder às dúvidas deles e refletir com precisão acerca de quem Deus realmente é.

Atos 16.16-34 traz o relato de Paulo e Silas aprisionados injustamente em Filipos por curarem uma jovem possuída pelo demônio. Após serem presos, foram severamente espancados e jogados no cárcere, com os pés algemados num tronco. A Bíblia diz que, por volta da meia-noite, Paulo e Silas estavam orando e cantando hinos a Deus e "os outros presos os ouviam" (v. 25) quando um terremoto violento abalou os alicerces da prisão, fazendo que os prisioneiros fossem libertados de suas cadeias.

Era comum que um carcereiro cometesse suicídio caso seus prisioneiros escapassem, ciente de que as autoridades iriam matá-lo de qualquer forma por seu fracasso em manter trancados os que haviam sido deixados sob seus cuidados. Naquela noite, quando o carcereiro se preparava para apunhalar a si mesmo por conta das celas abertas, Paulo gritou anunciando que todos os presos ainda estavam em seus lugares. A Bíblia registra o espanto do carcereiro; ele tremeu e prostrou-se diante de Paulo e Silas, perguntando: "Senhores, que devo fazer para ser salvo?".

Então, Paulo e Silas — tendo conquistado o direito de testemunhar acerca de quem Deus é por meio de sua resposta à agressão e ao espancamento injustos — disseram a esse carcereiro como ele e sua família poderiam ser salvos. O carcereiro e sua família seguiram a Jesus Cristo e foram batizados. O relato termina com este versículo: "Então os levou para a sua casa, serviu-lhes uma refeição e com todos os de sua casa alegrou-se muito por haver crido em Deus" (v. 34).

Não estou convencida de que teria respondido da mesma forma que Paulo e Silas. Quem dera pudesse dizer com convicção que estaria orando e cantando hinos a plenos pulmões, mas acho que estaria chorando e lamentando de modo veemente — para que todo mundo soubesse que uma injustiça havia sido feita e que era melhor alguém dar um jeito naquela situação o quanto antes!

Não foi o caso de Paulo e Silas. A fé que eles tinham foi exposta a um mundo observador composto de criminosos e carcereiros, e ali se revelou quem os dois eram de verdade. Eles brilharam como estrelas no céu de veludo negro formado por suas cadeias e, ao agirem assim, fizeram Deus parecer realmente bom — tão bom que um carcereiro empedernido, acostumado aos protestos fajutos de inocência por parte dos criminosos, sabia que havia algo *muito* diferente naqueles homens... e no Deus deles. Ele desejou o que eles tinham, e também desejou aquilo para sua família. A firme certeza a respeito de Deus, a serena confiança de que no final tudo daria certo, e a obstinada escolha de louvar a Deus em todas as coisas abriu a porta da salvação para o carcereiro e para seus entes queridos.

O que o carcereiro obteve em seu encontro com Paulo e Silas? Não somente salvação, mas alegria!

O MUNDO OBSERVADOR

Qual você acha que seria a resposta se perguntasse a seus amigos: "Deus sorri? Deus sorri para você?". Muitas pessoas — mesmo cristãos, se fôssemos admitir — acreditam que Deus é um velho rabugento e mal-humorado, sentado lá no céu, observando com olhos de águia à procura de maneiras de esmagar os menores pedaços de felicidade que pudermos encontrar. "Sorrir? Provavelmente não. Sorrir para mim? Não se ele souber como eu sou de verdade".

O mundo também tem uma visão distorcida de Jesus. Existe na história um personagem mais caluniado, incompreendido e deturpado que Jesus Cristo? Ele é alternadamente reverenciado como o Salvador do mundo, o restaurador de corações, mentes e relacionamentos partidos, e injuriado como a pessoa mais perturbadora que já existiu e culpado por guerras mundiais, oportunismo nacionalista, bem como conflitos interpessoais.

Quando se trata do Espírito Santo, há confusão total entre os não cristãos. Quem ou o que é um "Espírito Santo"? Visões do Gasparzinho, o Fantasminha Camarada, ou da Mansão Assombrada na Disneylândia vêm à mente — parece estranho, fantasmagórico ou patético.

A maioria das pessoas acredita ainda que a Bíblia é um livro de desgraça e melancolia, cheio de regras tediosas e ultrapassadas que não fazem sentido em nosso ultrassofisticado mundo de tecnologia e inovação. Ou então têm receio de ler a Bíblia, com medo de que não serão capazes de extrair sentido do que leem ou presumindo que serão bombardeadas com palavras de condenação, vergonha e culpa.

Um mundo observador precisa ouvir de nós que Deus personifica a alegria. Eles precisam saber que Jesus foi tanto um homem de alegria como um homem de tristezas. Precisam saber que o Espírito Santo concede alegria como um direito inato. Precisam saber que a Bíblia é um livro de alegria, com mais referências a contentamento, sorrisos e diversão do que a lágrimas, mágoas e tristezas. Lembre-se, temos de perguntar constantemente a nós mesmos: "Por que acreditariam que Deus criou a alegria, ou que Jesus era um homem de alegria, ou que o Espírito Santo concede alegria, ou que a Bíblia é um livro de alegria, se tudo o que eles têm para avaliar é a minha vida? Será que estou perpetuando o mito de que Deus é um Deus de tristeza, uma vez que não consigo alcançar a vida de alegria que ele designou para mim?".

Nessa época da vida, estou ainda mais consciente de que minha fé está sendo exposta. Por muito tempo eu quis viver uma vida alegre e apaixonada, de modo que meus filhos tivessem um modelo sólido à medida que desenvolviam sua própria fé. Mas agora tenho netos... Tenho sobrinhos e sobrinhas... Tenho cinco jovens mulheres que olham para mim... E é mais importante que nunca mostrar-lhes o caminho para uma vida de alegria — não de felicidade, mas de alegria. Quero que meus filhos sejam capazes de dizer: "Minha mãe teve de enfrentar um monte de problemas, mas superou sua personalidade. Ela não deixou suas lutas definirem quem ela era. E, no final do dia, minha mãe era uma mulher alegre". Quero que meus netos possam dizer: "Minha avó me amava e fazia que me sentisse especial sempre que estava com ela". Quero que meus sobrinhos e sobrinhas digam: "A tia Kay era um pouco esquisita, mas ela amava Jesus e era uma mulher de alegria". Quero que as jovens com quem trabalho possam dizer: "Kay não era perfeita, mas encontrou alegria no Senhor, mesmo nos momentos em que tinha muitas razões para se entristecer". Quando aqueles que me observam mais de perto fizerem sua pequena lista de pessoas que vivem com alegria, quero ser citada. Você também não quer estar na lista restrita de alguém?

ALEGRANDO-SE COM GRITOS DE ALEGRIA

A propósito, caso você esteja se perguntando sobre a pergunta que fiz alguns parágrafos atrás — *Deus sorri para você?* — eis a resposta:

> "Iahweh, o teu Deus, está no meio de ti, um herói que salva! Ele exulta de alegria por tua causa, estremece em seu amor, ele se regozija por tua causa com gritos de alegria."
>
> Sofonias 3.17, BJ

Ele não apenas sorri para você... Ele canta e dança com gritos de alegria! Minha amiga, ele sabe tudo a seu respeito. Ele sabe quantas vezes você falha; sabe as vezes em que você tem o desejo ardente de brilhar como uma estrela na escuridão da noite mas não consegue fazê-lo. Ele conhece as intenções mais verdadeiras de seu coração; ele vê onde você está tentando. Ele está plenamente ciente da dor brutal que a quebra em pedaços; o coração dele sofre com o seu enquanto você luta para aceitar o processo que vai amadurecê-la. Ele sabe o que ninguém jamais vai saber. E sabe qual é a resposta divina a tudo o que ele vê dentro de você, dentro de mim? — Isso me faz chorar. — *Ele se regozija por nossa causa com gritos de alegria.*

Este é o Deus que desejo que um mundo observador conheça através de mim.

Oração

Pai, estou lutando neste momento com a percepção de que os problemas expõem a minha vida de fé; não estou certa de que realmente quero que minha família, meus amigos ou meus colegas de trabalho saibam isso a meu respeito. Ajuda-me a concentrar-me não nas maneiras como fracasso em representar-te com precisão a eles, mas em teu prazer em mim. Ajuda-me a aproximar-me de ti de modo que eu possa construir uma vida de fé mais forte, que inclua a alegria em todas as coisas. Em nome de Jesus, amém.

Para reflexão e aplicação

1. O que sua vida de fé revela acerca da profundidade de seu relacionamento com Deus?
2. Como você se sente diante da compreensão de que Deus se regozija com sua alegria? É fácil para você acreditar nisso? Por quê?

3 Redescobrindo Jesus, o Homem de alegria

"Tenho lhes dito estas palavras para que a minha alegria esteja em vocês e a alegria de vocês seja completa."

João 15.11

O coração que não tem certeza de seu Deus tem medo de rir.

George MacDonald

Penso que uma das razões por que esquecemos que a Bíblia é um livro de alegria é que não enxergamos Jesus, o personagem principal, como um homem de alegria. Muitas de vocês já o conhecem bem. Ele esteve lá em seus melhores dias, dias em que seu coração quase explodiu de emoção. Este é o topo. Este é o auge. Estou tão feliz! E Jesus estava com você.

Mas Jesus também esteve com você nos momentos ruins, momentos em que você pensou que seu coração iria se desintegrar de tristeza, quando a dor foi tão intensa que você não sabia como sobreviveria no minuto seguinte, muito menos no restante de sua vida. Ele esteve lá.

A razão por que Jesus pode consolar-nos na tristeza se deve ao fato de que ele também sofreu. Isaías 53.3 diz: "Foi desprezado e rejeitado pelos homens, um homem de dores e experimentado no sofrimento". A partir dessa passagem é fácil concluir que Jesus era *apenas* um homem de tristezas. Porém, se olharmos através dessas lentes, reduziremos seu valor, porque Jesus era também um homem de alegria.

E JESUS SORRIU

Deus criou os céus e a terra, bem como a humanidade; infelizmente, nossos primeiros pais se rebelaram contra Deus, fazendo que o pecado e a tristeza sobreviessem ao planeta. Como parte de um plano muito além de nossa compreensão finita, Deus, o Pai, deu a Jesus o papel de tornar-se o Salvador do mundo a fim de restaurar o relacionamento rompido entre Deus e nós. Nesse papel, Jesus deixaria a perfeição do céu e viria à terra, onde conheceria imenso sofrimento, dor, tristeza, mágoa, traição e perda. Ele se tornaria um homem de tristezas. Mas, em sua essência, Jesus era um homem de alegria.

Este é um ponto fundamental: no *papel* de Jesus, ele era um homem de tristezas. Em sua *essência* — sua natureza imutável — ele era um homem de alegria. Na verdade, a Bíblia nos diz: "Veio o Filho do homem, comendo e bebendo" (Lc 7.34). Adoro isso! O Filho do homem não veio curvado de dor. Não apareceu de rosto carrancudo, como um infeliz que não sobreviveria sem sua caixa de lenços. Ele veio comendo e bebendo e amando a vida — "festejando" (Mt 11.16-19), como diz *A Mensagem*.

> No *papel* de Jesus, ele era um homem de tristezas. Em sua *essência* — sua natureza imutável — ele era um homem de alegria.

Desse modo, por que razão Jesus tem sido, ao longo da história, retratado como alguém tão triste, sério e sombrio? Por que reduzimos Jesus a um caráter unidimensional em vez de compreender que ele era tanto um homem de tristezas como um homem de alegria?

Analise os retratos mais comuns de Jesus, tais como a imagem asséptica de seu rosto nos filmes que se repetem todos os anos por ocasião da Páscoa ou do Natal. Foi com essa imagem que cresci, e talvez também seja seu caso. Nesses filmes, o cabelo de Jesus está perfeitamente estilizado, com ondas suaves emoldurando seu rosto. Não há suor, areia nem imperfeição em sua face, nem sequer um poro aberto em suas bochechas. Sem espinhas, sem rugas, nenhuma marca de expressão ao redor da boca, nem mesmo uma sugestão de risada em seu rosto suave. Lembro-me de, quando criança, pensar que tinha de ficar bastante séria perto do quadro de Jesus; podia-se rir em qualquer lugar da sala, mas não ao lado de Jesus!

Enquanto muitas igrejas evangélicas apresentam o retrato do "Jesus gentil, manso e suave, que não faria mal a uma mosca", outras igrejas enchem seus espaços sagrados com imagens de Jesus em seus momentos de maior agonia. Na verdade, ao longo dos séculos, quase todas as belas-artes retratam-no em seu dia mais doloroso na terra — o dia em que foi espancado e ensanguentado e teve uma coroa de espinhos cruelmente apertada em sua testa; o dia em que desmoronou sob o peso da cruz de madeira que carregava pelas ruas de Jerusalém sobre suas costas dilaceradas; o dia em que foi brutalmente assassinado.

Alguns dos retratos mais conhecidos de Jesus enfocam os momentos posteriores à crucificação, quando ele foi descido da cruz, flácido e quebrado. Uma das mais emocionantes obras de arte é a *Pietà*, de Michelangelo, com o corpo sem vida de Jesus disposto sobre o colo de sua mãe. Toda mulher que já deu à luz um filho sente empatia pelo desejo materno de Maria de recolher o falecido fruto de seu ventre para perto de seu coração mais uma vez.

Eu sei por que as belas-artes captam Jesus em seu momento de maior sofrimento — não há nenhum mistério aqui. É por que ele veio à terra; Jesus veio para morrer. Ele veio para ser nosso Salvador, e sê-lo significava sofrimento. Dor. Mágoa. Tristeza. Registrar isso em forma de arte é perfeitamente adequado; trata-se de algo que realmente aconteceu, e foi ainda pior do que parece.

O problema é que não equilibramos essas fortes imagens de Jesus com outras mais leves, e acabamos por concluir que ele viveu uma vida de tristeza que terminou em tragédia. Em meus esforços para aprender a escolher a alegria — mesmo neste mundo imperfeito — propus-me a descobrir imagens que mostram Jesus em momentos de maior leveza, que refletem sua essência, não somente seu papel.

A primeira que encontrei é provavelmente a mais famosa. Chama-se *The Laughing Christ* [O Cristo que ri]. Eu a vi pela primeira vez numa revista voltada para o público masculino. O editor foi cativado pela ideia de que Jesus pudesse sorrir. Foi algo tão surpreendente para ele, tão contrário a tudo que havia visto na vida, que decidiu publicar.

Há outra imagem alegre chamada *The Laughing Jesus* [O Jesus que ri]. Tentei encontrá-la em uma livraria cristã alguns anos atrás, mas disseram que não estava disponível. Era uma encomenda especial, e eu teria de esperar três semanas. Pensei: "O que está acontecendo aqui? Posso encontrar uma quantidade interminável de imagens de Jesus sofrendo, ferido, sangrando, morrendo. Mas não consigo encontrar um único quadro para colocar em minha casa que mostre Jesus sorrindo e desfrutando a vida?".

Jesus era um homem vibrante e compassivo, um homem de tristezas e alegrias que podia entrar plenamente na vida com toda a imperfeição que ela tem. Isso me dá a impressão de que era alguém que eu gostaria de conhecer. Se ele era um homem de tristezas *e* podia experimentar alegria, talvez eu também possa.

Portanto, quero abalar as percepções a respeito de Jesus ensinadas a você a vida inteira. Deixarei Jesus lhe provar isso por meio de sua postura, palavras e ações. Falamos sobre a falta de modelos de alegria — não há nenhum melhor que Jesus Cristo. A vida dele é um modelo para qualquer uma de nós que esteja em busca de uma vida de alegria.

UM HOMEM QUE EXPRESSAVA ALEGRIA POR MEIO DE SUA ATITUDE
Três dos evangelhos registram um incidente em que pais se amontoaram perto de Jesus, estendendo seus bebês e crianças para que ele os tocasse (Mt 19; Mc 10; Lc 18). As Escrituras dizem que ele "tomou as crianças nos braços, impôs-lhes as mãos e as abençoou" (Mc 10.16). Embora hoje os pais sejam particularmente cautelosos com estranhos em torno dos filhos, eles sempre tiveram cuidado ao expor crianças ao perigo. Aqueles pais, tão ansiosos para que Jesus tocasse em seus filhos, impusesse-lhes as mãos e os abençoasse, devem ter percebido que ele possuía um coração sensível em relação a seus pequeninos.

E mesmo que os pais confiassem na capacidade de Jesus de encantar as crianças, isso não significa que os filhos automaticamente ficariam confortáveis em volta dele, mas não há registro de nenhum dos pequenos se encolherem ao seu toque. Todos nós sabemos que as crianças têm uma maneira de sentir quem são as pessoas divertidas e quem são as pessoas de quem elas não desejam estar perto. Meus netos são a alegria do meu coração, e adoramos ficar juntos, mas suspeito que amem o vovô de forma especial. Um dia desses, Caleb, de 4 anos, sussurrou no ouvido de Rick: "Vovô, você é meu amigo preferido". Eles adoram ficar perto de Rick porque ele é o rei da diversão! Ele fala alto e com força; adora fazer cócegas, brincar, rir e fazer coisas malucas que causam prazer imenso nas crianças.

Recentemente, no Dia dos Avós na escola de nossos netos, visitamos as salas de aula de Kaylie e Cassidy e andamos com elas até o parque para o intervalo. Eu, sempre a obediente seguidora das regras, sentei-me com os outros avós seguidores de regras sob a cobertura do refeitório ao ar livre. Rick passou correndo por mim com Kaylie, nossa neta de 8 anos, e Cassidy, de 6, a reboque. Por cima do ombro, gritou: "Vou brincar com as garotas no parquinho!". Aquilo me deixou nervosa, claro. "Ele deveria estar fazendo isso? Isso vai contra as regras da escola?" Em alguns segundos, uma pequena multidão de alunos, atraídos pelos gritos de riso e diversão, se juntaram em torno de Rick enquanto ele brincava de "estátua" com nossas netas. Logo, dezenas de garotos e garotas corriam e pulavam na direção de Rick quando ele fazia alguém se mexer com suas caretas e brincadeiras. Acima de todos os risos e barulhos ensurdecedores, pude ouvir a declaração exultante de Kaylie: "Meu vovô sempre começa uma festa!". Pura verdade.

As crianças sabem! Elas sabem quando alguém é divertido. Depois que Jesus juntou as crianças em seus braços, abraçou-as e beijou-as como somente Deus em carne e osso poderia fazer, só consigo imaginar a farra de risos que as crianças fizeram. Fico imaginando se ele atraiu uma criança e lhe sussurrou na orelha: "Vê aquela árvore ali? Fui eu que fiz! Não é a árvore mais legal que você já viu?". Ele interagia com as crianças de um jeito que elas queriam ficar perto dele. Isso diz muito a respeito de quem ele era.

Não eram só as crianças que adoravam Jesus, mas uma multidão de adultos o seguia por toda parte, tanto que não era fácil escapar para fazer uma oração particular.

O fato de que as pessoas estavam ao redor de Jesus o tempo todo não significa que ele era um cara lindo de morrer. Na verdade, a Bíblia nos diz que "ele não tinha beleza alguma; não havia nada em sua aparência que chamasse a nossa atenção ou que nos agradasse" (Is 53.2, NBV). Havia algo fascinante em Jesus, algo indefinível que atraía as pessoas até ele; algo cativante marcava seu comportamento e sua maneira de interagir. Ele era alguém de quem os outros queriam estar perto.

Não é de admirar, portanto, que Jesus fosse convidado *a um monte* de festas. Você e eu não convidamos pessoas chatas e monótonas a festas, a menos que sintamos algum tipo de obrigação. Tentamos convidar pessoas interessantes, divertidas, que darão algum tempero e brilho à festa.

Parece-me interessante, então, o fato de que Jesus não somente era convidado a um monte de festas, mas várias de suas histórias se baseiam em celebrações. A maioria tem a ver com quem era e quem não era convidado. Isso faz sentido quando nos lembramos de que Jesus desfrutava da vida. Ele estava tão plenamente envolvido nessas festas que algumas pessoas o acusaram de ser um glutão ou um bêbado.

Jesus não era um bêbado. Era apenas um cara festivo, alguém que estava lá se misturando com os outros em vez de ficar sentado num canto atrás de um vaso de palmeira. E as pessoas adoravam isso. A atitude de Jesus perante a vida demonstrava que ele era um homem de alegria.

Um homem que expressava sua alegria com palavras

Parte do processo de redescobrir Jesus, o homem de alegria, implica dar uma olhada em como ele transmitiu sua essência alegre por meio de suas palavras. Não costumamos pensar em Jesus no papel de comediante. Mas ele contava piadas! Ele era, de fato, um cara engraçado. A própria ideia de que Jesus contava piadas e ria junto de sua plateia pode ser chocante para algumas de vocês que estão acostumadas a pensar nele como alguém sério e taciturno. O problema é que você e eu não captamos o humor de Jesus. O abismo da linguagem, da cultura e do tempo nos impede de compreender plenamente as intenções dele. Uma vez que não captamos seu humor, tendemos a ignorá-lo.

Veja Lucas 18.25, por exemplo. Se eu lhe pedisse para ler o versículo em voz alta, você provavelmente leria com uma voz plana e monótona, sem qualquer ênfase ou inflexão: "Porque é mais fácil passar um camelo pelo fundo de uma agulha do que entrar um rico no reino de Deus" (RA). Que chato! Mas é assim que tipicamente lemos as Escrituras — como se estivéssemos lendo a lista telefônica! Eu garanto que Jesus não falou desse modo. Ele estava usando uma figura de linguagem exagerada, uma forma comum de dizer algo engraçado na cultura judaica. A plateia adorou — acharam que ele era um baderneiro! Não podiam acreditar nas frases divertidas que saltavam de seus lábios e nas piadas que contava.

Por que ele usava tanto humor? O importante no humor, e que é verdade ainda hoje, é que assim que consegue fazer as pessoas rir, você também pode introduzir um pouco de verdade. Não se resiste muito à verdade quando se está rindo. Assim, Jesus usou o humor para ilustrar seu ponto de vista, para dizer verdades àqueles ouvintes que podiam ter alguma restrição em aceitar seu ensinamento.

Quero mostrar a você duas outras passagens divertidas nos ensinamentos de Jesus.

Em Mateus 23.24, Jesus adverte escribas e fariseus: "Guias cegos! Vocês coam um mosquito e engolem um camelo" (NBV). Ele estava se referindo ao hábito de se concentrar em leis miúdas sobre a lavagem das mãos e ignorar as leis maiores sobre o amor ao próximo. De acordo com Jesus, é como coar um inseto minúsculo com o qual você está engasgando enquanto engole um camelo inteiro. Para nós, isso não é engraçado; para sua plateia, era humor notável e ácido.

Porém, minha piada favorita contada por Jesus está em Mateus 7.3-5. Jesus está conversando com uma das grandes multidões que se reuniam em torno dele com certa frequência. Evidentemente, Jesus havia notado os argumentos mesquinhos de seus discípulos, pois ele utiliza mais uma vez o exagero e a metáfora para dizer: "E por que se preocupar com um cisco no olho de um irmão, quando você tem uma tábua no seu próprio olho? [...] Livre-se da tábua primeiro, assim você poderá enxergar para tirar o cisco do olho do seu irmão" (NBV).

Tente você mesma — tente ler esses versículos para sua melhor amiga ou para seu pequeno grupo de oração quando vocês se reunirem esta semana. Fale alto! Com as mãos, exagere ao representar o cisco minúsculo que está no olho de sua amiga, e então use enormes movimentos de mão para indicar a tábua gigantesca que está em seu próprio olho. Garanto que, no mínimo, você e suas amigas vão sorrir, se não gargalharem, no momento em que você terminar sua breve encenação. O absurdo de ficar toda preocupada com uma pequena falha de sua amiga enquanto você tem um erro colossal por trás de sua vida ficará claro, e você terá um vislumbre do poderoso

48 ESCOLHA A ALEGRIA

estilo de comunicação usado por Jesus. Quando lemos essas histórias com novos olhos, as palavras dele ganham vida. Os relacionamentos dele ganham vida. Ele se torna um homem de verdade que conversa com pessoas de verdade. Um verdadeiro homem de alegria.

Um homem que expressava alegria por meio de suas ações

Lemos em João 2 que Jesus estava em um casamento (outra festa!) na cidade de Caná. Era costume oferecer vinho em um casamento. Não sei se apareceram mais pessoas do que o anfitrião esperava, mas, perto do final da celebração, faltou vinho. Tudo o que havia restado eram jarros de água.

Maria, mãe de Jesus, estava ali. Ela olhou para Jesus e disse mais ou menos assim:

— Dê um jeito nisso. Você pode resolver qualquer coisa.

Jesus respondeu:

— Mulher, que tenho eu com você? Ainda não chegou a minha hora (Jo 2.4, NBV).

Ao longo dos anos, quando ouvia essa história na igreja, eu imaginava Jesus dizendo: "Mãe! Não dá para você sair daqui? Você está revelando minha identidade! Por favor, fique de boa e me deixe em paz". Jesus é áspero com ela, coloca-a para baixo e lhe diz para cuidar de seus problemas.

Hoje, porém, não acredito que ele tenha falado desse jeito com ela. Agora que entendo Jesus de maneira mais plena, penso que as palavras dele soaram assim, ditas num sussurro amigável, quase conspiratório: "Psiu! Mãe! Obrigado por acreditar em mim. Aprecio isso, de verdade. Mas hoje não é o dia. Não chegou a hora ainda, mãe. Obrigado, mas ainda não".

O interessante para mim é que Jesus foi lá e transformou a água em vinho — e não um vinho barato de mercearia, mas um vinho incrivelmente bom, com um delicioso aroma. A Bíblia diz que foi o melhor vinho servido naquele dia.

Não sei bem por que Jesus realizou seu primeiro milagre em um casamento, mas creio que a escolha de um evento social festivo para revelar seu ministério público se encaixa perfeitamente em sua essência alegre. Acho que isso diz algo de extrema importância a respeito dele.

Outra história que reflete Jesus como um homem de alegria está em Mateus 14. Jesus está ministrando a milhares de pessoas durante horas e não consegue escapar das multidões. Precisando de paz e tranquilidade, ele diz a seus discípulos para arrumarem um barco e irem até o outro lado do lago, enquanto ele subiria num monte para orar.

No meio da noite, os discípulos são surpreendidos — trespassados de medo, na verdade — ao ver Jesus deslizando pela água na direção do barco. A Bíblia diz que eles gritaram de terror, pensando que Jesus fosse um fantasma. Antes de criticá-los pelo medo que sentiam, é bom lembrar que até então ninguém havia sido visto andando sobre as águas.

Jesus se identifica para tentar acalmá-los e exorta-os a não temer. Evidentemente, Pedro não demora em admitir que a aparição a caminhar sobre a água é Jesus, pois grita:

— Jesus? É você mesmo? Se for, mande-me ir até você sobre a água.

Jesus diz:

— Sou eu Pedro. Venha para cá!

Pedro salta do barco e começa a caminhar sobre a água na direção de Jesus. Jesus sorri para ele, esperando que ele venha.

De repente, quando uma brisa fria agarra suas longas vestes e a natureza precária de sua aventura o acerta como uma tonelada de tijolos, Pedro deixa de se concentrar em sua caminhada: *"Estou andando sobre as águas!"*. Ele olha para baixo e, no mesmo instante, começa a afundar. "Senhor, salva-me!", ele grita. Mateus 14.31 diz: "Imediatamente Jesus estendeu a mão e o segurou. E disse: 'Homem de pequena fé, por que você duvidou?'".

A vida inteira escutei esse versículo em um tom de voz que transmite condenação: "Pedro! Quantas vezes eu lhe disse que cuidaria de você? Dê-me sua mão agora. Levante-se daqui, homem de pequena fé".

Não acredito mais nisso. Deus não nos critica nem nos põe para baixo quando damos pequenos passos de fé. Pedro *estava* dando passos de fé quando saiu do barco. Deus sabia que ele precisava de estímulo, não de reprovação.

Acredito que Jesus olhou para Pedro com ternura nos olhos, puxou-o para perto de si e disse: "Pedro, Pedro! Ah, homem de pequena fé. Por que você duvidou? Eu lhe disse que cuidaria de você. Estou aqui por você". É assim que Deus reage quando nos atrapalhamos em nossa tentativa de servi-lo.

Noutra história em Mateus 14, a Bíblia diz que cinco mil pessoas ouviram falar que Jesus estava na cidade e foram até ele em busca de cura para seus enfermos. A multidão provavelmente somava algo mais próximo de quinze mil pessoas, porque tem de se considerar que os homens levaram as esposas, que levaram os filhos.

Quando a noite se aproximava, os discípulos começaram a se preocupar com a alimentação daquele povo, que não parecia ter pressa em ir para casa. Discutiram entre si e chegaram à conclusão de que o melhor plano era pedir que Jesus mandasse a multidão se dispersar e encontrar comida por conta própria. Eles tinham o discurso todo memorizado e achavam que Jesus aplaudiria suas competências administrativas. No entanto, Jesus jogou uma batata quente na mão deles quando respondeu ao plano com as seguintes palavras do versículo 16: "Eles não precisam ir. Deem-lhes vocês algo para comer".

O que ele esperava que fizessem? Os discípulos não podiam alimentar nem cinquenta pessoas, muito menos quinze mil! Mas Jesus olhou para eles e disse: "Deem-lhes vocês algo para comer".

Mais uma vez, estamos tão acostumados a discorrer sobre passagens familiares das Escrituras que perdemos o impacto da história, e nossa maneira seca e apática de ler em voz alta apenas agrava o problema. Jesus não se voltou aos discípulos para dizer: "Vocês estragaram tudo outra vez! Coloquei vocês no comando do lanche, e o que vocês fizeram? Nem sequer contaram as mulheres e crianças. Não posso jamais contar com vocês para cuidar das coisas. Tenho de fazer tudo sozinho por aqui".

Não foi assim que aconteceu. Ele usou aquele momento para mostrar-lhes que, embora fossem inaptos para cuidar daquela necessidade, não precisavam se preocupar. Ele cuidaria deles todos, e cuidou. Pegou a refeição de um rapazinho, preparada com alguns pães e peixes, partiu-a, multiplicou-a e alimentou todas aquelas pessoas. E havia tanta comida, diz a Bíblia, que as sobras encheram doze cestos. Jesus cuidou de seus seguidores. Ele não criticou seus discípulos por tentarem descobrir como fazer o que lhes pedira que fizessem.

Irmãs, Jesus era um homem de alegria. *Ele era um homem de alegria!* Ele demonstrou isso em suas atitudes: atraía multidões que não se cansavam dele. Demonstrou isso em suas palavras: mestre em comunicação, ele impactava aqueles que o ouviam pessoalmente há dois mil anos, e nos impacta ainda hoje. Demonstrou alegria em suas ações: tratava as pessoas com bom humor e pacientemente compreendia suas fraquezas humanas; também foi hábil em conduzi-las ao discernimento espiritual de que precisavam.

Sua essência alegre se evidencia particularmente em seu modo de interagir com os discípulos, com quem passou três anos, dia após dia. Ele não passou esses três anos como um palestrante que faz uma série de apresentações e recorre a assessores para organizar suas idas e vindas: "Ok, vamos repassar a agenda. Quem vai tomar conta do jumentinho esta tarde? Ah, certifiquem-se de que as pessoas saibam que estou chegando". Ele não se relacionava como um professor distante que os fazia ficar quietos enquanto dizia: "Agora, tenho três tópicos que desejo tratar hoje, e depois aplicarei uma avaliação. Todo mundo está anotando o que estou dizendo?".

Não, Jesus vivia sua vida com eles. Eles o viam quando ele estava suado e cheirando mal após uma longa caminhada de aldeia a aldeia. Sabiam quando o estômago dele roncava de fome. Possivelmente, ouviram-no soltar gases e arrotar alguma dúzia de vezes. Não estou dizendo isso para ser sensacionalista; eu realmente acredito nisto. Jesus acordou — e dormiu — junto desses doze homens durante três anos. Como não *conheceriam* uns aos outros? Estou certa de que Jesus e seus amigos partilhavam muitas piadas particulares, histórias engraçadas e lembranças tocantes, o que só acontece quando pessoas passam tempo juntas, intencionalmente. Estou convencida de que, sempre que possível, eles riam até doer o estômago. Jesus os amava e investia na vida de cada um deles. Acho que ele provavelmente sabia o nome de familiares dos discípulos até duas gerações anteriores; ele conhecia a beleza e as falhas de caráter de cada um. Jesus acreditava neles, confiando-lhes seu evangelho baseado num relacionamento alegre com Deus. Quando seu tempo na terra se aproximava do fim, eles eram as pessoas que Jesus queria ter por perto — amigos que se tornaram irmãos.

ALEGRIA NUM MUNDO DE TRISTEZAS

Por que importa saber que Jesus era um homem de alegria? Importa muito mais do que se pode imaginar! Algumas de vocês talvez precisem de permissão para buscar uma vida de alegria para si mesmas. O fardo do sofrimento que vocês carregam, os problemas de saúde, a dor de um relacionamento, as questões financeiras, os conflitos internos e as tentações que ninguém conhece — por vezes, todos esses pesos as colocam tão para baixo que vocês desistem da ideia da alegria. Em alguns momentos, senti que podia me identificar com o título dado a Jesus por Isaías: eu poderia me chamar "Kay Warren, mulher de dores". Talvez esse título também se ajuste a você hoje. Muitas de nós precisamos de permissão para reconhecer a dor e, a despeito dela, ir além e escolher uma vida de alegria.

Sim, Jesus sofreu, mas não podemos parar por aqui. Não podemos permitir que essa verdade domine nosso modo de agir e falar a respeito dele. Houve uma *razão* pela qual Jesus escolheu suportar tudo que suportou. Houve uma razão pela qual ele se permitiu sangrar, ser espancado e torturado. Hebreus 12.2 nos dá uma percepção privilegiada, dos bastidores, de por que Jesus permitiu que tudo aquilo acontecesse: "pela alegria que lhe fora proposta, suportou a cruz".

Mas qual era a alegria que lhe fora proposta? Que alegria era tão rica, tão satisfatória, tão profunda a ponto de ele se dispor a sofrer tamanho abuso? *Você* foi a alegria proposta a ele! *Eu* fui a alegria proposta a ele! Ele sofreu para que pudesse se reconciliar com *você*. *Comigo*. Quando as pessoas cuspiram nele, quando os discípulos o abandonaram e todo mundo zombou dele, Jesus estava pensando na alegria. Quando foi açoitado, quando aquela cruel coroa de espinhos foi encravada em sua cabeça e quando estava pendurado na cruz, ele passou por aquilo tudo porque estava agarrado à alegria de apresentar-nos a Deus. "Aqui está ela, Pai; eu a trouxe de volta a ti." A alegria de restaurar o relacionamento rompido, de viver comigo e com você para sempre... Essa foi a alegria proposta a ele, essa foi a alegria que o manteve pregado na cruz.

Jesus sabia que, para cumprir o papel que Deus lhe designara na terra, teria de experimentar abandono, traição, tortura e morte. Ainda assim, plenamente ciente do que havia à sua frente, ele escolheu rir, contar piadas, rolar no chão com crianças, construir relacionamentos importantes, desenvolver uma obra significativa e experimentar alegria.

> Que alegria era tão rica, tão satisfatória, tão profunda a ponto de ele se dispor a sofrer tamanho abuso? *Você* foi a alegria proposta a ele!

A vida de Jesus é uma ilustração de dois trilhos convergindo em um só. Ele nos mostra como enxergar a alegria, uma alegria que às vezes vem na escuridão. E por essa alegria ele suportou o maior sofrimento que alguém já conheceu.

É isto que a vida de Jesus me diz: é possível experimentar fardos, dor e lutas — o peso do mundo em nossos ombros frágeis — e ainda assim vivenciar a alegria. A vida de Jesus nos lembra de que a alegria é possível, não importa o que aconteça. A vida dele me dá permissão para buscar uma vida de alegria para mim mesma em um mundo de tristezas.

Oração

Obrigada, Jesus, por me mostrares quem tu és: que és um Salvador cheio de alegria. Jesus, agradeço-te porque, quando estavas morrendo na cruz, mantiveste a alegria de te reencontrares comigo. Por causa desta alegria, permitiste a ti mesmo ser torturado e morto. Por causa desta alegria, criaste um meio para que eu tivesse um relacionamento contigo. Obrigada por levares meu pecado, minha rebeldia. Obrigada, pois tua vida me mostrou como viver. Obrigada por me mostrares que mesmo na tristeza posso conhecer bênçãos, alegrias e sorrisos. Ensina-me o que significa escolher a alegria. Oro em teu nome, Jesus, homem de alegria. Amém.

Para reflexão e aplicação

1. Releia as palavras de Jesus e procure nelas sinais de humor. Dê a si mesma a permissão de rir com as metáforas que ele usa!

2. Imagine Jesus — um homem de tristezas *e* de alegria — caminhando junto a você hoje. Do que ele riria? Pelo que ele choraria com você?

PARTE 2

A alegria é uma convicção da mente

Descubra uma nova maneira de pensar

No início de minha vida de casada, eu não era muito hábil em resolver conflitos. Quando Rick e eu tínhamos um desentendimento e eu ficava magoada, resistia a reconectar-me com ele, mesmo se ele estivesse disposto a resolver as coisas. Eu esperava meus sentimentos negativos se dissiparem para que pudéssemos nos aproximar novamente, mas as horas passavam e os sentimentos negativos não iam embora. Não entendia por que não conseguia fazer meus sentimentos cooperarem, e repetia o mesmo padrão, discussão após discussão.

Por fim, alguém partilhou comigo um princípio que alterou nosso relacionamento: o que pensamos determina a maneira como agimos, e a maneira como agimos determina o que sentimos. Eu estava agindo na crença de que precisava *sentir* de modo diferente antes que pudesse *pensar* diferente. Mas a fórmula é inversa: nosso modo de pensar muda primeiro, nossas ações vêm em seguida, e então seguem-se nossos sentimentos. Em vez de esperar que meus sentimentos mudassem para que pudesse agir de maneira perdoadora, eu precisava mudar meus pensamentos. Em vez de ensaiar a discussão, eu precisava ensaiar a Palavra de Deus em minha mente. Uma vez que meus pensamentos estivessem de volta aos trilhos e em harmonia com as instruções de Deus sobre relacionamentos, eu poderia fazer as escolhas certas, quer sentisse aquilo ou não. Rick disse muitas vezes: "Você não pode guiar seu sentimento até a ação, mas pode guiar sua ação até o sentimento".

É por isso que é bom que a alegria seja muito mais que um sentimento. A Bíblia diz em Filipenses 4.4: "Estejam sempre cheios de alegria no Senhor; e digo outra vez: Alegrem-se!" (NBV). Não se pode comandar um sentimento, mas pode-se comandar um pensamento e uma ação. Deus nos diz como devemos pensar e nos comportar, sabendo que nossos sentimentos sempre serão os últimos a entrar na linha.

Como já discutimos, a alegria é uma *firme certeza* sobre Deus, uma *serena confiança* em Deus, e uma *obstinada escolha* de louvar a Deus. Para ter essa firme certeza, temos de manter convicções sobre quem Deus é. Devemos ter o pensamento correto acerca dele.

Verificamos estes versículos anteriormente, mas vale a pena analisá-los outra vez:

> Amigos, quando lutas e aflições os atingirem em cheio, *saibam* que isso é um presente especial. Vocês verão como a fé será fortalecida e como terão forças para continuar até o fim. Por isso, não desistam facilmente. Essa perseverança os ajudará a permanecer e a desenvolver plenamente o caráter de vocês.
>
> Tiago 1.2-4, AM, grifo da autora

Outras traduções trazem "*tende por motivo* de toda alegria" quando enfrentarem dificuldades. Algumas dizem "*considerem* motivo de grande alegria o fato de passarem por diversas provações". Saibam. Tenham. Considerem. Essas palavras têm a ver com nossa mente. Com nosso modo de pensar. A maneira como olhamos para uma situação.

Essa passagem das Escrituras nos diz que a alegria começa na mente. Como veremos adiante no livro, a alegria também tem a ver com nosso coração, nossas emoções e nossa atitude. Em última análise, a alegria se resume a algo que fazemos. Porém, ela tem início com um novo modo de pensar que altera a forma como respondemos às provações em nossa vida.

Ao vermos Deus como ele realmente é, uma mudança fundamental acontece em nossa visão de vida. É disso que trata esta parte do livro.

4   Bebendo de poços secos

Diz o Soberano, o SENHOR, o Santo de Israel: "No arrependimento e no descanso está a salvação de vocês, na quietude e na confiança está o seu vigor, mas vocês não quiseram".

Isaías 30.15

Quando o que obtemos não nos satisfaz significa que não era o que desejávamos.

C. S. Lewis

Considere o seguinte: e se as coisas que você acha que lhe darão alegria não funcionarem? E se você procura satisfação em todos os lugares errados, mas não acredita que faz assim?

A Bíblia nos diz que a alegria está disponível para todos nós — e, contudo, a alegria ilude muitos. Em desespero, tentamos todas e quaisquer coisas que pensamos conter a possibilidade de saciar a sede de alegria. Buscamos pessoas. Buscamos o lugar em que vivemos ou desejamos viver. Buscamos bens materiais, posição e personalidade.

Essas coisas podem lhe dar felicidade por um tempo, mas, no final, vão decepcioná-la, pois, como já dissemos, a felicidade não é suficiente. Nunca é. Tudo aquilo com que contamos para estabelecer a alegria em nossa vida não é suficiente.

* * *

Imagine esta cena comigo. Você está caminhando no deserto, no calor escaldante; vem andando em círculos há dias e está bem

62 ESCOLHA A ALEGRIA

certa de que se perdeu. Como não há água, a sede é esmagadora, e, se não encontrar algo para beber muito rapidamente, você vai morrer. Então, à distância, você vê alguma coisa que parece uma barraca de limonada. Em cima, um letreiro em neon anuncia: "Água viva disponível aqui!". Deus está trás da barraca, segurando um copo de água geladinha para você. Aos tropeços, quase incapaz de caminhar, você vai até a barraca e diz para ele: "Valeu, Deus! Estou vendo este adorável copo d'água em tua mão, e aprecio de verdade tua oferta. Mas, se não te importas, vou pegar aquela pá ali no chão e cavar minha própria cisterna". Em seguida você agarra a pá e começa a cavar. E, com muito esforço, consegue criar uma cisterna que contém água. Em pouco tempo, porém, aparecem rachaduras e a cisterna seca, e você fica com sede mais uma vez. Enquanto isso, Deus espera pacientemente, segurando o líquido refrescante que promete alívio à sede desesperadora.

Esse cenário lhe parece familiar? Poderia ser a história de minha busca por alegria: sedenta, ansiando por alívio, ignorando o convite de Deus, escolhendo buscar por conta própria e voltando com sede.

É claro, nós não somos as primeiras pessoas à procura de alegria nos lugares errados. Séculos atrás, os israelitas esqueceram que Deus era a fonte de sua redenção. Eles recorreram aos falsos deuses que as nações vizinhas adoravam, e não ao Deus que os havia tirado do Egito.

Por meio do profeta Jeremias, Deus disse aos israelitas: "O meu povo cometeu dois crimes: eles me abandonaram, a mim, a fonte de água viva; e cavaram as suas próprias cisternas, cisternas rachadas que não retêm água" (Jr 2.13).

Jeremias usa uma linguagem que seus ouvintes prontamente entenderiam. "Água viva" refere-se à água que nunca cessa de correr da fonte. Em Israel, naquela época, as fontes providenciavam a água mais confiável, refrescante e limpa disponível. As cisternas, em contrapartida, eram grandes fossas escavadas em rochas e usadas para coletar água da chuva. A água das cisternas não só era suja, mas também podia facilmente se esgotar se as chuvas fossem moderadas naquele ano. Além disso, não se podia contar com as cisternas — uma vez rachadas, não haveria como conter água nenhuma.

Não fazia sentido preferir uma cisterna a uma fonte. Ainda assim, foi o que a nação de Israel fez quando abandonou Javé, seu Deus, para ir atrás de falsos deuses.

Como acontecia com os israelitas, nós — em vez de ir até Deus para encontrar satisfação na vida — pegamos nossas pás e começamos a cavar nossas próprias cisternas. Acreditamos que elas conterão água suficiente para saciar nossa alma sedenta. Então, buscamos essas cisternas quando não temos alegria bastante na vida, com a esperança de que elas produzirão alegria para nós.

O problema é que as cisternas que você e eu cavamos não contêm água suficiente para nos ajudar em meio a tempos difíceis. Elas racham e secam. Em vez de voltarmos para Deus, continuamos ali, cavando um pouco mais. Arrastamo-nos dia após dia à procura de alegria no mesmo lugar que não trouxe alegria no dia anterior.

Larry Crabb diz:

> As pessoas estão se deslocando em direções erradas em resposta à sede que sentem. Recusam-se a confiar em Deus para cuidar de sua sede. Em vez disso, insistem em manter o controle na busca de sua própria satisfação. Todos seguem determinados a satisfazer os anseios de seu coração, pegando

64 ESCOLHA A ALEGRIA

uma pá, procurando um local para cavar e, então, buscando uma satisfação que possam gerar por si só. Para resumir, as pessoas querem dirigir a própria vida. O homem caído está, ao mesmo tempo, com medo da vulnerabilidade e comprometido a manter a independência.[1]

Deixe-me mostrar como isso funciona em minha vida. Posso pensar em uma dúzia de vezes nas quais tive um dia ruim. Uma situação parte meu coração. Estou chateada, sozinha, com medo e ansiosa. Penso: "Tenho de falar com alguém. Rick está ocupado. Vou ligar para minha amiga. Ela vai me ouvir". E telefono para o número da amiga. Ela ouve e me dá ótimos conselhos. Ela até ora comigo, partilha a Palavra de Deus comigo. Isso me ajuda por um momento. Mas, assim que desligo, me vejo ansiosa novamente. Ainda estou com sede.

Decido que preciso me distrair. Ligo o aparelho de som e ouço minhas músicas prediletas. Funciona por algum tempo. Meu humor melhora um pouco. Mas então eu relembro por que estava me sentindo ansiosa. Volto a sentir sede.

"Comida! Comida vai ajudar!" Então começo a revistar a geladeira. Encontro a carne assada da noite anterior, batatas, cenouras, e tudo tem um gosto tão bom. Mas ainda estou com sede. "Batatas fritas! Batatas com molho! Batatas com guacamole! Batatas com *qualquer coisa* vão dar um jeito nisso que está me incomodando".

Depois de alguns minutos de consumir muita batata frita, ganho uma dor de estômago, mas continuo ansiosa. Ainda teimosamente focada em aliviar minha sede, penso: "Chocolate! Nada pode ser melhor que um chocolate". E saio à caça de meu estoque de doces.

Em poucos minutos, porém, estou sentindo aquela dor familiar novamente. "Deus, por que ainda estou com tanta sede? Estou cheia! Conversei com uma amiga. Tentei me distrair. Então por que ainda estou com sede? E, a propósito, tu não vais me ajudar, não? Estou me esforçando um monte para ficar alegre, e não consigo entender por que permaneces aí parado, sem fazer nada".

Eu tentei cavar minha própria cisterna. Peguei diferentes tipos de pá em minhas tentativas de encontrar alegria. E, ignorando o fato de que Deus *nunca* me ajudará a cavar minhas próprias cisternas, fico ressentida e com raiva dele.

Talvez Deus use outras coisas e pessoas em nossa vida para nos dar água. Mas ele não vai nos ajudar a cavar nossas cisternas. Não porque ele é mau, mas porque ele sabe que as cisternas que cavarmos vão secar e nos deixar com sede. Ele concentra seus esforços em trazer-nos de volta para si, de volta à água viva que ele oferece.

> Talvez Deus use outras coisas e pessoas em nossa vida para nos dar água. Mas ele não vai nos ajudar a cavar nossas cisternas.

O autor e pastor M. Craig Barnes escreve:

> Não espere que Jesus nos salve ao ensinar-nos a depender das coisas que temos medo de perder. [...] Ele abandonará todo empenho que busque salvação em algo ou alguém que não seja Deus.[2]

Portanto, vamos dar uma olhada mais de perto nas cisternas quebradas — falsas fontes de alegria — às quais a maioria de nós recorre para buscar alegria duradoura.

À PROCURA DE AMOR NAS PESSOAS

Minha primeira fonte falsa de alegria são as pessoas: meu marido, meus filhos, meus amigos, as pessoas a quem ministro.

Constantemente recorro a eles para obter alegria. Quando estão felizes comigo, sou feliz. Quando estão infelizes comigo, sou infeliz. É triste dizer que meu nível de alegria sobe e desce baseado quase exclusivamente nas pessoas de minha vida.

Meu marido é minha mais importante porta de entrada para a alegria. Rick é um homem bastante sentimental, e suas emoções correm por seu rosto em situações nas quais ele nem sequer percebe. Estou sempre tentando interpretar essas expressões e determinar se elas têm alguma coisa a ver comigo. "Esse olhar significa que ele está bravo comigo? O que aquele suspiro quer dizer? Eu sei que ele disse *isso*, mas será que quis dizer *aquilo*?" Estou sempre avaliando o pobre coitado!

Algumas vezes, quando Rick chega em casa após um dia difícil e estressante no trabalho, tudo o que ele quer fazer é se jogar no sofá, ler seu jornal e assistir a um pouco de televisão antes do jantar. Ele nem sempre está interessado no fato de que estou esperando ansiosamente para lhe contar sobre o *meu* dia — ainda mais quando ele mal pisou porta adentro. Se não tiver cuidado, concluirei que o humor dele tem a ver comigo mais do que tem a ver com o simples fato de ele estar cansado. Vejo minha alegria afundar porque ela está ligada ao que ele faz, ao que ele diz e àquilo que ele parece estar sentindo.

Percebi que meu nível de alegria está ligado às expectativas que tenho em relação a meu marido — e eu tenho um monte delas! Minha primeira expectativa é que, quando falar com ele, ele vai me ouvir. É justo, certo? (Acontece que sei que não sou a única a querer isso.) E não somente espero que ele me ouça, mas espero também que entenda o que quero dizer. Mais que isso, espero que ele entenda *sem que eu tenha de explicar*. Ele deveria me conhecer muito bem a ponto de entender exatamente o que digo e o que pretendo dizer mesmo que eu não diga. Espero que ele saiba disso o tempo todo em todas as conversas, não importa o que mais esteja acontecendo em sua vida! E quando ele não atende às minhas expectativas "razoáveis", a alegria diminui. Na verdade, ela estanca. Sabe do que estou falando, não é?

Também percebi que por vezes tenho altas expectativas de encontrar alegria por intermédio de meus filhos. A maioria das mães é assim. Sejamos honestas. Queremos gratidão. Queremos satisfação. Temos esse sonho totalmente irreal em nossa mente. Nós fantasiamos o dia em que entraremos no quarto das crianças, lhes diremos para limpar tudo e teremos como resposta: "Ah, mamãe, muito obrigado. Obrigado por se preocupar com meu caráter. Obrigado por desejar que eu cresça e seja um adulto responsável. Eu vou limpar meu quarto *com prazer e* lavar a louça *e* voltar para casa a tempo. Farei isso sem reclamar, só por você, ó grandiosa mãe!". Continuamos à espera dessas palavras para que possamos ser felizes. Já recebeu alguma resposta desse tipo? Não? Nem eu.

A verdade é que, muitas vezes, olho para meus filhos e penso: "Vamos falar sério. Vocês me devem isso! Eu lhes dei a vida! Dei vocês à luz e perdi minha deslumbrante forma por sua causa! Vocês são a razão de tudo estar caído e pendurado! Vocês me devem muita coisa!".

Ainda mais significativo é o fato de que talvez, numa parte secreta da mente, pensemos: "Não imaginei que ser mãe era isso. Esperava uma criança saudável, não um filho autista. Esperava uma criança que absorvesse meu amor quando a adotei, não uma filha que me rejeita. Pensei que ter crianças em torno de mim na cozinha durante o jantar seria gratificante, e não que isso me deixaria com vontade de gritar!".

68 ESCOLHA A ALEGRIA

Quando é que vamos entender que nossos filhos não estão aqui para atender à nossa necessidade de apreciação? Eles não nasceram para atender às *nossas* expectativas para a vida deles. Estão aqui para cumprir o propósito de Deus para eles (Sl 138.8).

Entretanto, dia após dia recorremos a nossos filhos ou marido ou amigas ou colegas de trabalho para nos satisfazer. Quando não o fazem, ficamos com raiva. Afinal, eles nos devem isso! Esse é o momento em que a maioria de nós escolhe as armas a serem usadas. Não tenho orgulho das armas que sou conhecida por usar quando estou magoada, mas vou ser honesta e partilhá-las com você, desde que pense com honestidade a respeito das suas próprias armas. Minha arma favorita quando estou desapontada com alguém é o dar de ombros (maneira não muito sutil de afastar-se da pessoa que me ofendeu) ou um comentário sarcástico e cortante como uma faca.

Ao segurar a arma que escolhemos, justificamos nossa atitude. Decidimos que, se a outra pessoa mudasse, seríamos alegres.

Por que é assim? Porque estamos esperando que as pessoas que fazem parte da nossa vida atendam a necessidades que elas não podem atender. E nem deveriam.

Não há lugar melhor que nosso lar

Quando Rick e eu nos casamos, alugamos um apartamento em um condomínio novo que oferecia aos inquilinos a escolha de unidades decoradas em verde-limão, azul-bebê ou castanho--escuro. O carpete, o papel de parede e uma parede em cada cômodo reproduzia o padrão de cor. Não me pergunte por quê — talvez porque eram meados da década de 1970 e ainda estávamos em nossos psicodélicos dias *hippies* —, mas escolhemos a decoração verde-limão. O que de início parecia moderno, diferente e estiloso logo se tornou nauseante! Era impossível evitar o verde-limão fluorescente em quase toda a superfície de nosso pequeno apartamento. "Onde estávamos com a cabeça? Por que não pegamos o azul-bebê?", reclamei para Rick. "Nunca mais vou viver num lugar com carpete verde-limão!". Você nem imagina — nossos dois apartamentos seguintes tinham carpete verde-limão! Como disse, devia ser uma coisa dos anos 1970.

Aposto que não sou a única a me arrepender de uma escolha que fiz acerca do lugar onde moro. Imagino que você já disse algo deste tipo antes:

- "Em minha próxima casa, terei mais espaço para guardar as coisas".
- "Devíamos ter comprado aquele outro modelo".
- "Devia ter alugado um apartamento mais próximo do escritório".
- "Ah, se vivêssemos mais perto de meus pais".
- "Ah, se não vivêssemos tão perto de seus pais".

Com que frequência você se pega sonhando com o próximo lugar em que vai morar? Para muitas de nós, mulheres, nossa casa, cidade e vizinhança têm um peso enorme. O problema é que podemos mudar de casa, de cidade ou de bairro, mas uma coisa permanece a mesma: nós! Nossas necessidades e expectativas nos acompanham.

Não importa onde vivemos, somos tentadas a comparar nossa casa com a dos outros. Ficamos satisfeitas até que vamos a uma festa de Natal numa casa maior, mais bem decorada ou mais nova que a nossa. Pensamos conosco: "Se eu morasse naquela casa, ah, daria cada festa! Receberia cada grupo de pessoas! Imagine o ministério que eu poderia realizar se morasse lá e não aqui!". Todo potencial e qualidade de nossa casa se esvaem. E nossa alegria vai junto.

LÁ ESTARÁ TAMBÉM O SEU CORAÇÃO

A Bíblia é clara sobre a ilusão de obter bens materiais como meio de encontrar alegria (Mt 13.22) e nos diz repetidas vezes que a aquisição de posses pode ser uma armadilha. Lucas 12.15 diz: "Cuidado! Não andem sempre querendo o que vocês não têm! Porque o valor da vida que alguém tem não depende da quantidade de bens que possui" (NBV). Jesus explica isso em termos inequívocos em Mateus 6.19-21: "Não se preocupem em acumular riquezas aqui na terra, onde a traça e a ferrugem destroem, e onde os ladrões arrombam e roubam. Guardem, sim, tesouros preciosos no céu, onde a traça e a ferrugem não destroem, e onde os ladrões não arrombam nem roubam! Pois onde estiverem as suas riquezas, lá estará também o seu coração" (NBV).

A busca das riquezas como meio para a alegria duradoura não somente é um desperdício de tempo e uma forma irrefutável de medir o que realmente valorizamos, como a Bíblia diz também que desejar sempre um pouquinho mais faz que fiquemos ciumentos e invejosos dos outros que têm mais sucesso financeiro e material que nós.

A Bíblia afirma que a inveja apodrece os ossos (Pv 14.30). O resultado da inveja em nossa vida é um só: descontentamento. E o descontentamento rasteja até o cerne de quem somos, até a medula que deveria produzir saúde, e nos destrói de dentro para fora. O descontentamento é repulsivo e nos transforma em mulheres azedas e amargas.

Você se lembra de como ficava feliz quando criança na manhã de Natal, toda entusiasmada por causa de uma Barbie nova e suas roupas bem bonitas, até ir à porta ao lado para exibir o presente à sua melhor amiga e descobrir que ela ganhou a Barbie, o Ken, o conversível *e* a casinha? De repente sua Barbie parece tão solitária com as roupas novas. Em vez de você ficar feliz pela sorte da amiga, todo o seu prazer se esvai em segundos enquanto a inveja se instala. Na época, alguém deveria nos ter alertado que isso só pioraria quando crescêssemos e os brinquedos ficassem mais sofisticados.

Hoje imaginamos que, se tivéssemos "aquela coisa", teríamos mais alegria. "Tenho aquele liquidificador há dez anos, e já passou da hora de substituí-lo. Talvez, se eu tivesse um liquidificador novo, eu o usaria. Talvez começasse a fazer vitamina de manhã. Talvez um novo liquidificador mude tudo em mim. E se eu tivesse uma nova televisão, uma com a tela bem grande, ou um novo computador, talvez isso também fizesse real diferença na minha vida. É isso que está errado. Eu não tenho um [preencha aqui] novo".

É por isso que a Bíblia contém palavras tão fortes sobre ter cautela quanto a valorizar o dinheiro e os bens materiais em detrimento de pessoas e relacionamentos. Deus sabe que esse tipo de ação tem o poder de despojar-nos da alegria.

Em vez disso, podemos moldarmos segundo o exemplo do apóstolo Paulo. Muitas de vocês têm Filipenses 4.13 memorizado: "Tudo posso naquele que me fortalece", mas não fazem ideia do contexto desse versículo. Paulo estava dizendo a seus amigos em Filipos para não se alarmarem com suas necessidades financeiras, e afirmava: "Aprendi a adaptar-me a toda e qualquer circunstância. Sei o que é passar necessidade e sei o que é ter fartura. Aprendi o segredo de viver contente em toda e qualquer situação, seja bem alimentado, seja com fome, tendo muito, ou passando necessidade" (Fp 4.11-12). Depois de assegurar-lhes que podia passar bem com pouco ou muito, *aí então* ele diz como faria isso: por meio de Cristo, que lhe dava força.

Paulo diz: "Não se preocupem comigo; descobri como ter alegria — estar contente — quando os momentos são fantásticos e quando os momentos são terríveis. De um jeito ou de outro, encontro contentamento mediante o poder de Jesus Cristo. Quando tenho muito, lembro a mim mesmo de que as riquezas terrenas são passageiras e recuso à procura ávida por mais. Quando estou em necessidade, lembro a mim mesmo de que as riquezas terrenas não podem definir meu valor; Deus cuidará de mim. Eu encaro a vida através do poder que recebo de meu Salvador Jesus".

Não é de admirar que Paulo vivesse com alegria; ele encontrou sua força em Jesus, não em bens materiais.

Sozinho no topo

Há uma hierarquia — evidente ou não — em cada igreja, trabalho ou organização. Se gostamos de nossa posição nessa hierarquia, estamos felizes. Mas, opa! Deixe alguém receber o crédito por *sua* ideia, conseguir a promoção que você pensou ser sua, ganhar mais dinheiro que você, mesmo que você trabalhe duas vezes mais, e a felicidade foge pela janela.

Logo você começa a pensar que seria muito mais feliz no degrau acima. Começa a planejar como puxar o tapete da colega de trabalho que ocupa o cargo que você deseja. Para piorar, é tentada a começar a olhar por cima do ombro para ver quem está subindo a escada atrás de você, pronto para empurrá-la de seu lugar.

Esforçar-se por uma posição ou um título diferente não é errado. Porém, a alegria não sobrevive em um ambiente de suspeitas, ganância ou ressentimento, porque cada uma dessas reações sugere a dependência de uma cisterna caseira. Elas implicam que uma nova posição ou maior reconhecimento trarão mais alegria do que você experimenta agora. E essa é uma ideia que não vai conter a água.

Não é você, sou eu

A última fonte falsa de alegria é aquela a que recorremos diariamente sem estar ciente disso: nossa personalidade. Temos a firme convicção de que os extrovertidos saltam na frente do restante de nós quando se trata de alegria. Eles estavam na frente da fila quando Deus distribuiu alegria; são mais felizes com a vida. Pensamos que, se não temos a personalidade certa para a alegria, simplesmente não fomos talhados para isso, como se a alegria estivesse disponível somente para certo tipo de pessoa.

Eu estava assistindo ao desenho animado Ursinho Puff com meus filhos, anos atrás, quando pensei comigo mesma: "Rick é igualzinho ao Tigrão!". Essa ideia bem-humorada lançou-me num hábito bobo de atribuir rótulos a outras pessoas que amo, e, antes que eu me desse conta, a "Escola de Personalidades Ursinho Puff" nasceu. É claro, não tem valor científico, e se você realmente quer estudar personalidades, há muitas fontes de informação acadêmica disponíveisl. Esta é apenas uma abordagem simples e divertida sobre os quatro tipos básicos de personalidade.

Vamos começar pelo Ursinho Puff. O Puff não é de se preocupar muito com as coisas, à exceção de seu impulso em encontrar mel. Ele é um tanto despreocupado, nem lá nem cá em suas respostas emocionais, e não entende muito bem por que os outros são tão emocionais a respeito de tudo! Se você tiver uma amiga que é tão tranquila quanto o Ursinho Puff, ela provavelmente terá dificuldades em tomar decisões. Se você diz para ela: "Por que você não escolhe onde iremos almoçar hoje", ela possivelmente dirá: "Ah, eu não me importo — por que *você* não escolhe?". Se você insistir: "Não, decida você desta vez — eu escolhi o restaurante nas últimas três vezes", é de se esperar que ela se contorça e se oponha: "Ah, é sério, eu não me importo; escolha você". A essa altura, você provavelmente quer estrangular o pescoço da pobre ursinha Puff! Mas nós precisamos de amigos como o Puff porque eles permanecem firmes e convictos quando o resto de nós está enlouquecendo e saindo do controle.

Em seguida, há o coelho Abel. Pessoas do tipo Abel são objetivas; querem o jardim plantado direito, e querem *agora*. Elas são empreendedoras de alto nível; são aquelas que conseguem realizar as coisas na vida. Todo comitê precisa de um ou outro Abel, porque eles vão cuidar de cada mínimo detalhe — o evento será bem organizado! Mas seu amigo Abel não é o tipo de pessoa em quem você busca conforto ou incentivo caso tenha um dia ruim. As pessoas do tipo Abel não são famosas por seu alto coeficiente de empatia. Eles provavelmente vão ouvir com impaciência a sua triste saga e dizer: "Anime-se! A vida é dura! Você só tem de voltar lá e continuar tentando!". Mas nós precisamos de pessoas como Abel. O mundo seria um desastre sem eles. Nada seria concluído sem um Abel para definir estratégias e fazer dos sonhos uma realidade.

O Tigrão é o extrovertido. Pessoas assim têm uma personalidade exultante, empolgante, entusiasmante, engraçadante... ops, engraçadíssima. Elas entram numa sala e sugam todo o oxigênio com a força de sua personalidade. Contam histórias com entusiasmo enorme e focam os pequenos detalhes — mesmo que os detalhes fiquem um pouco indecentes ao longo do caminho. Não conseguem lembrar seu nome, mas saem contando por aí que você é um dos melhores amigos que elas têm. O Tigrão pode esquecer que devia se encontrar com você para o almoço, mas é tão divertido quando finalmente aparece que você os perdoa! Não importa quanto nos irritam às vezes, precisamos de gente do tipo Tigrão para iluminar nossos dias!

Por fim, meu favorito; afinal, sou eu: o Bisonho. O Bisonho é criativo, intenso perfeccionista e *muuuito* sentimental. Tende a ser pessimista e até sombrio em alguns momentos, mas isso se deve muito ao fato de ele carregar a dor e a tristeza do mundo nas costas. Às vezes, não é tão divertido estar perto de alguém assim! Mas se você quer uma ideia criativa, uma conversa profunda, ou um ouvido compreensivo, chame seu amigo Bisonho. Gente do tipo Bisonho acrescenta uma rica dimensão aos relacionamentos e conversas porque eles têm profundidade e amplitude de emoção e são capazes de extrair emoções valiosas também de outras pessoas. O mundo seria um lugar frio, raso e insensível sem pessoas como o Bisonho.

É fácil olhar para uma das personalidades e dizer: "Eu seria alegre se fosse um Tigrão! Seria alegre se fosse tão despreocupada quanto o Puff. É claro que seria". Mas eis algo de que precisamos estar cientes: cada tipo de personalidade possui forças *e* fraquezas. Só porque sua amiga é um Tigrão extrovertido não significa que ela entende a alegria. Pessoas do tipo Tigrão também apresentam perigos. Elas tendem a contar com a força de sua personalidade e não com o Espírito de Deus. Por que precisam de Deus se têm uma personalidade dessas? E às vezes o Tigrão se acostuma tanto com a sensação de estar "por cima" que, quando atinge uma parede emocional, é bem provável que fique muito confuso e desorientado; ele não sabe o que fazer com emoções incômodas.

Pessoas do tipo Abel podem encontrar alegria na conclusão de tarefas e na eliminação de itens de sua lista de afazeres em vez de encontrá-la em Deus. Realizar tarefas pode vir a ser um substituto a uma caminhada significativa com Deus. Pessoas do tipo Puff podem ser um pouco presunçosas e ficar orgulhosas com o fato de que, enquanto o restante de nós solta fumaça pelas ventas, elas estão caminhando com calma pela vida. Por que o Ursinho Puff precisaria de Deus para obter alegria? Será que, com uma postura relaxada, todo mundo não conseguiria experimentar alegria? Os Bisonhos provavelmente enfrentam o maior desafio de todas as personalidades quando se trata do momento de escolher a alegria, pois sua inclinação natural é para a introspecção, o pessimismo e o perfeccionismo.

Mas nenhuma personalidade tem uma barreira ou desculpa quando se trata de experimentar alegria. O Senhor me disse recentemente: "Kay, quero que você pare de usar sua personalidade como desculpa para não experimentar alegria com frequência; você se tornou uma prisioneira de sua personalidade. Eu quero que você — uma Bisonha naturalmente sombria — experimente alegria". E você? Já descobriu isso a seu respeito? Consegue perceber como é fácil tornar-se prisioneira de seu tipo de personalidade? Com o tempo, podemos desenvolver mais lealdade à nossa personalidade do que a Deus e à sua ordenança para escolhermos a alegria. Sempre serei uma pessoa do tipo Bisonho. Você sempre será um Tigrão, um Abel ou um Ursinho Puff — mas não precisamos nos esconder atrás de nossa personalidade ou depender dela para determinar o nível de alegria que experimentamos na vida.

A verdadeira alegria — para além de nossas emoções ou inclinações humanas — é possível. A alegria é uma dádiva do Espírito Santo designada a todo tipo de personalidade, em todos os momentos.

A SEDE PERMANECE

Vamos apenas admitir tudo o que foi exposto, considerando que todas nós fizemos essas coisas mais vezes do que podemos contar. Havia a expectativa de que pessoas, lugares, bens materiais, posições e personalidade nos concedessem alegria. Sim, isso nos deu alguma felicidade de curto prazo, mas nos deixou ansiosas por água. Desesperadas por alívio, a maioria de nós tem feito algumas tentativas bem sérias de cavar a própria cisterna. Isso fez que algumas de nós ficássemos exaustas, ao ponto do desespero, até da desesperança.

Deus diz: "Ok. É isso mesmo que deveria acontecer". *O quê? Deus quer que eu experimente o desespero?* Sim, apenas para colocá-la face a face com a percepção de como você é inapta para providenciar água a si mesma; e para apontar o caminho até ele, a única fonte verdadeira de alegria.

Eis a verdade fundamental que cada uma de nós precisa lembrar: *Deus é a única fonte verdadeira de alegria.* Deus estará lá quando todo o resto estiver abalado. Ele estará lá quando as pessoas que você ama a magoarem ou a abandonarem ou morrerem. Ele estará lá quando o lugar que você achou que ia fazê-la feliz não a satisfaz mais.

Ele estará lá quando os bens materiais acabarem. Ele estará lá quando sua posição mudar ou for dada a outra pessoa. Ele estará lá quando sua personalidade não for suficiente.

Ele é a fonte de água viva que jamais seca. É o que veremos no próximo capítulo.

Oração

Pai, tu sabes que estou seca, árida e vazia. Ainda assim, tenho cavado poços para tentar encontrar água. Tenho recorrido a pessoas, lugares, posições e bens materiais a fim de encontrar alegria duradoura. Venho tentando me esconder atrás de minha personalidade. Deus, essas são as cisternas rachadas que sempre irão me desapontar. Perdoa-me por abandonar a ti, a fonte de água viva. Perdoa-me por procurar a verdadeira satisfação em qualquer outro lugar. Ajuda-me a recorrer primeiramente a ti para satisfazer-me. Em nome de Jesus, amém.

Para reflexão e aplicação

1. Quais são as falsas fontes de alegria que seduzem você? São pessoas, lugares, bens materiais, posições ou sua personalidade?
2. Onde você se encaixa na "Escola de Personalidades Ursinho Puff"? Como você acha que isso afeta sua capacidade de encontrar alegria?

5 Adotando o sistema de valores celestial

Então levarei minhas ofertas ao altar de Deus. Ele é a fonte da minha alegria e júbilo.

Salmos 43.4, NBV

Adotar o ponto de vista de Deus, ainda que brevemente, é ser alegre.

Mike Mason

Como vimos antes, a vida se parece com um conjunto de trilhos de trem. O trilho da alegria e o trilho da tristeza correm lado a lado, inseparáveis, ao longo da vida. Experimentamos constantemente tanto a alegria como a tristeza, ao mesmo tempo. Em alguns dias somos capazes de agir como Tiago ordena — considerando as provações um "presente especial", uma oportunidade para vivenciar grande alegria — mas em outros dias, é difícil obedecer a essa instrução.

Os problemas aparecem para todos nós; cristãos ou não cristãos, ninguém está imune. O incômodo trilho da dificuldade, da luta e da tristeza está sempre presente, e há dias em que tudo o que podemos ver é o que está aos pedaços, o que está em falta, o que se perdeu. Escrevemos em nossa mente a história da vida com as possíveis consequências e então as reproduzimos vez após vez. Perguntamos a nós mesmas: "E se isto acontecesse? E se aquilo não acontecesse? E se isso nunca mudar?". Logo, não conseguimos pensar em nada pelo qual louvar a Deus.

Muitas vezes me vejo perguntando: "O que tens feito por mim ultimamente, Deus? Sei que me abençoaste no passado, mas e hoje? O que farás por mim neste momento?". Talvez você não se sinta particularmente alegre e, se você baseia suas experiências de alegria na presença de sentimentos otimistas, pode rapidamente esquecer que Deus ainda é o Deus poderoso e fiel que sempre foi.

Não importa como nos *sentimos*, Deus — a fonte de água viva — nunca muda. É por isso que precisamos saturar nossa mente com as verdades divinas. A alegria inicia com nossa convicção sobre verdades espirituais nas quais apostamos a vida, verdades que estão alojadas tão fundo dentro de nós que produzem uma firme certeza a respeito de Deus. Quanto mais conhecemos e compreendemos a Deus, mais facilmente reconhecemos que a "alegria do Senhor" é nossa única força verdadeira (Ne 8.10).

Muitas de nós concordariam: "Sim, eu gostaria de me relacionar melhor com Deus; gostaria de saber como saturar minha mente com as verdades divinas, mas não sei como fazer isso".

Ao longo dos séculos, os cristãos criaram relacionamentos íntimos com Deus passando tempo com ele em meditação diária. Quando digo "meditação", não quero dizer a postura de colocar a mente em ponto morto e sentar-se e respirar sem pensar em nada. Há momento e lugar para relaxar e deixar a mente em silêncio e descanso. Meditar em Deus, porém, é algo mais ativo que passivo. A palavra meditar significa contemplar, ponderar, pensar, considerar, refletir ou ruminar.

Ah, caso você tenha se esquecido, ruminação é o que as vacas fazem. Elas mastigam seu bolo alimentar, engolem, trazem-no de volta à boca, e repetem tudo outra vez. As vacas realizam esse processo três vezes! Fazem isso a fim de extrair o máximo de benefícios de seu bolo alimentar para uma boa digestão e nutrição. No inglês, há um velho ditado que diz algo como "satisfeito como uma vaca ruminando", baseado no fato de que vacas ruminantes são mais felizes que vacas que não ruminam!

Para os cristãos, meditação é simplesmente "ruminação de pensamento", ponderar um pensamento ou uma ideia vez após vez. Algumas de vocês podem estar pensando: "Não posso fazer isso — meu cérebro está muito cansado". Mas, como Rick diz, se você pode se preocupar, você pode meditar! Quando estamos meditando em Deus, nós colocamos o cérebro para trabalhar em vez de deixá-lo na estante. A meditação é uma forma eficaz e intencional de engajar a mente por completo.

Meditar em Deus nos permite imergir no conhecimento acerca dele, de modo que a alegria de quem ele é se torna uma convicção da mente. Quando as provações aparecerem, teremos conhecido Deus tão intimamente que não perderemos a posse da alegria. São Pio de Pietrelcina afirmou: "Através do estudo de livros, busca-se a Deus; pela meditação, ele é encontrado".[1]

Então, como se medita em Deus? Meditar em Deus pode incluir escrever um diário sobre um versículo específico, escutar uma música inspiradora sobre o caráter divino, anotar atributos divinos em fichas e colá-las no espelho do banheiro ou mantê-las no bolso para uma rápida consulta. Deixe-me sugerir cinco atributos imutáveis de Deus que poderão introduzir você numa busca permanente a fim de conhecer o Doador da água viva que sacia a sede.

O VALOR DE DEUS É INCOMPARÁVEL

A majestade, a magnificência e o poder de Deus são indescritíveis. Nenhuma linguagem humana possui palavras adequadas para enunciar *quem ele é*. Ele existe além do alcance do tempo e do espaço e habita a eternidade. Poetas, artistas, compositores e autores tentaram pôr palavras e imagens em torno deste maravilhoso Deus; porém, até mesmo o melhor esforço é miseravelmente insuficiente. Salmos 148.13 diz: "Que eles louvem o nome do Eterno! É o único nome digno de louvor. Seu brilho excede a tudo na terra e no céu" (AM). "Seu brilho excede a tudo na terra e no céu." Isso não é um alívio? Nós louvamos a Deus porque ele é maior do que podemos entender.

Alguns anos atrás, enfrentei um problema relacional que parecia intransponível, e houve muitos dias em que não pude encontrar um lugar tranquilo e alegre dentro de mim. Moro perto do oceano Pacífico e, no caminho de volta da escola de meus filhos até nossa casa, eu frequentemente dirigia até uma praia e um parque que ficavam num penhasco sobre o mar. Certo dia em particular, enquanto derramava lágrimas de desespero, fui impactada pela visão e pelo som das águas que rugiam e atingiam as rochas debaixo de mim. Então, contemplei o mar e encontrei conforto, não na vastidão e impessoalidade da água, mas no conhecimento de que o Deus que criou as águas maravilhosas era ainda maior, mais grandioso e poderoso que todos os oceanos do planeta juntos. Se ele era grande o bastante — teólogos chamam isso de transcendência — para criar os oceanos, levá-los a fluir e refluir de forma altamente estruturada e organizada dia após dia, e para sustentar a vida que neles existe, então certamente era grande o bastante para saber lidar com a fissura relacional que estava partindo meu coração.

Deus usa os momentos sombrios de nossa vida para revelar sua majestade, para mostrar-nos que ele é o Criador, o Sustentador, o Libertador e o Redentor. Ele é o Todo-poderoso, o eterno, a fonte da vida. Ele está acima de nós. É o único a quem podemos recorrer. Meditar sobre a medida de seu valor desloca nossa atenção para longe das circunstâncias aparentemente insuperáveis que enfrentamos, na direção de um Deus que transcende a todas elas.

A Palavra de Deus é confiável

Em razão de Rick e eu estarmos muito presentes na mídia nos últimos anos, tive a oportunidade de ver de perto o quanto uma história pode ficar confusa! Parece que não importa quanto somos cuidadosos ao transmitir a um repórter os fatos corretos: de algum modo, os detalhes aparecem errados na reportagem final. Não que eu pense que repórteres se confundam intencionalmente ou possuam um viés que afete sua escrita; reconheço que eles têm um trabalho difícil. Isso me fez cínica a respeito de toda reportagem ou notícia que leio, pois sei que elas não costumam ser completamente precisas.

A Bíblia não é assim. Ela é completamente precisa, confiável e fidedigna. Sabendo disso, posso ter certeza de que, ao ler a Palavra de Deus, estou recebendo a verdade — um alicerce no qual posso construir minha vida. Uma vez que a única coisa completamente verdadeira é a Palavra de Deus, é dela que precisamos para estabelecer nossa alegria. As palavras divinas deveriam ser aquelas com as quais temos mais familiaridade.

Assim como Deus é um Deus de alegria, sua Palavra para nós também é uma Palavra de alegria. Você não concorda, porém, que a maioria das pessoas pensa que a Bíblia é um livro de regras e regulamentos? Elas têm a ideia de que, se pegarem a Bíblia, tudo o que vão ler será uma condenação dizendo-lhes o que estão fazendo errado e como estão falhando. Enxergam a Bíblia como um livro negativista, um livro de desgraça e melancolia.

Agora, aí vai algo para quem é fã de curiosidades. Na tradução da Nova Versão Internacional (NVI), existem 446 referências a alegria e alegrar-se. É uma bela quantidade de versículos que falam sobre alegria. Você pode presumir que existe pelo menos a mesma quantidade de versículos que falam sobre tristeza e entristecer-se, certo? São 124. Na Bíblia inteira, há 124 versículos sobre tristeza. Isso não funde a cabeça? Há mais que o triplo de versículos sobre alegria do que sobre tristeza. A Bíblia é um livro de alegria!

> Assim como Deus é um Deus de alegria, sua Palavra para nós também é uma Palavra de alegria.

Por isso, uma das melhores formas de meditar no caráter divino é ler e memorizar verdades bíblicas sobre Deus. Mais de uma vez em minha vida descobri trechos de versículos bíblicos dirigidos a mim exatamente no momento em que precisava de um lembrete do caráter divino.

Em setembro de 2003, consultei-me com um radiologista para uma biópsia, pois tivera uma mamografia suspeita pouco antes. Haviam me dito, porém, que o caroço no peito não era nada de mais. Passei o dia pensando que a consulta era apenas para tirar os problemas do caminho, um passo para deixá-los para trás. Eu tinha um voo marcado para mais tarde naquele dia; meu pai estava em outro Estado, e eu ia encontrá-lo a fim de celebrar seu aniversário.

Então, deitada na mesa do radiologista, o médico disse de maneira casual:

— É quase certeza que seja câncer.

Fiquei em choque.

— O quê?

— Sim, vê este tumor? É muito provável que seja câncer.

— E saiu da sala.

Meu cérebro congelou. Eu queria gritar, queria chorar, queria fazer tudo ao mesmo tempo. Naquele momento, sozinha, abandonada, tendo de lidar com palavras que ninguém deseja ouvir — "É câncer" —, o fragmento de uma passagem bíblica veio até mim. "Ele conhece o caminho por onde ando". Deitada ali, vendo a escuridão se formar ao meu redor, tive uma palavra instantânea de Deus que dizia: "Eu conheço, Kay, o caminho para o qual você está se dirigindo. A escuridão não é escura para mim. Estarei com você nesta jornada inesperada".

Naquela noite, procurei em minha Bíblia e descobri que o versículo era Jó 23.10, em que Jó afirma sua fé em Deus no meio do sofrimento. Eu havia lido e ouvido esse versículo tantas vezes na vida que ele me veio à mente quando precisei dele.

Quem dera eu pudesse dizer a você que a Palavra de Deus é a alegria diária de meu coração. Em alguns dias, ela não é. Em alguns dias, esqueço que é a Palavra dele que me traz alegria e que ela é verdadeira. Jeremias diz a Deus: "Quando as tuas palavras foram encontradas, eu as comi; elas são a minha alegria e o meu júbilo" (Jr 15.16). Desejo que isso seja verdade todos os dias em minha vida! As palavras de Deus são tão valiosas e tão preciosas que, quando meditamos nelas, elas preenchem nosso coração com deleite.

Salmos 19.8 diz: "Os preceitos do SENHOR são justos, e dão alegria ao coração. Os mandamentos do SENHOR são límpidos, e trazem luz aos olhos". Outra tradução do mesmo versículo diz: "Os mapas da vida do Eterno estão corretos e nos conduzem pela estrada da alegria" (AM). Salmos 119.111 diz: "Os teus testemunhos são a minha herança permanente; são a alegria do meu coração".

Talvez você seja novata na leitura da Bíblia e algumas partes não pareçam fazer sentido. Tudo bem. Leva tempo para refletir e contemplar como a Bíblia se aplica à sua vida. Sentir-se confortável em ser uma seguidora de Cristo e sentir-se confortável com a Palavra de Deus é uma espécie de aprendizado sobre uma cultura diferente daquela em que você foi criada. No início, a linguagem parece difícil de entender, os costumes culturais parecem estranhos, e você nunca tem a certeza de estar fazendo a coisa certa no momento certo! Mas por fim, começará a fazer sentido para você. Quando isso acontece, ela não só faz sentido como também lhe traz imensa alegria.

Um belo modo de começar a dar valor à Palavra de Deus e a ser transformada por ela é ler o salmo 119 e meditar nos benefícios daqueles que leem as Escrituras, que a conhecem, que a memorizam. É a verdade na qual nossa vida se baseia, e colocá-la em nossa mente é uma forma poderosa de conhecer a Deus de maneira mais profunda.

As obras de Deus inspiram o temor

Analise dois dos muitos versículos na Bíblia que ligam a alegria à criação de Deus:

> As obras do Eterno são tão grandiosas, dignas de uma vida inteira de estudo — prazer sem fim!
>
> Salmos 111.2, AM

> Fartura vertem as pastagens do deserto
> e as colinas se vestem de alegria.
> Os campos se revestem de rebanhos
> e os vales se cobrem de trigo;
> eles exultam e cantam de alegria
>
> Salmos 65.12-13

Nem todos vivem perto de montanhas belíssimas ou de mares ondulantes. Mas podemos contemplar por um tempo uma árvore alcançada pela brisa. Podemos gastar alguns minutos estudando a complexidade de uma amora. Podemos observar na calçada uma formiga que leva um pedaço de grama para casa.

Em 1Crônicas, lemos: "Então as árvores da floresta cantarão de alegria, cantarão diante do Senhor" (16.33). Esse versículo poético afirma que as obras de Deus de fato cantam para ele! Não posso ouvir a música, mas, ao que parece, Deus pode (muitas vezes me pergunto se elas cantam numa frequência designada somente para os ouvidos divinos, da mesma forma que somente cães podem ouvir o gemido estridente de um apito, que faz que tapem os ouvidos). Não se trata de algo equivalente a uma afirmação típica do movimento Nova Era, isto é, de que há vida ou "espírito" em todas as coisas — toda rocha, todo inseto, todo galho no chão, toda pessoa — mas as Escrituras deixam claro que, de algum modo, as obras de Deus "cantam" louvores para ele. Por vezes, em um dia ventoso, minha imaginação corre solta. Em minha mente, vejo os alámos engajados em uma *performance* primorosa de dança e música para seu Criador. Esforço-me para captar a melodia que as folhas ondulantes cantam, mas não adianta; meus ouvidos não conseguem ouvir.

Então, me pergunto: se toda a criação canta, por que não eu? Se as árvores, as flores, os oceanos, as montanhas, as nuvens e os animais estão louvando o nome de Deus todos os dias, por que eu — a coroa de sua criação — não cantaria louvores a ele? Acaso retenho minhas canções de louvor por conta de trivialidades pequenas, como quando não há vagas no estacionamento do *shopping*? Quando meu cabelo não fica do jeito que eu queria? Quando chove? Quando o preço da gasolina sobe outra vez?

Todas as obras de Deus cantam de alegria diante dele e, quando medito no que ele fez, em sua impressionante capacidade como mestre Criador, eu também canto. Eu também grito de alegria!

Não cresci em uma denominação que gritava louvores para Deus; éramos um grupo bem reservado. Mas alguns anos atrás, fiz uma descoberta surpreendente: por vezes, é só gritando que meu louvor acontece. E não é durante os momentos que você possa ter presumido. Eu raramente sinto necessidade de gritar meu louvor quando estou feliz, mas sim nos momentos mais angustiantes e desesperadores, quando grito quase como um ato de desafio contra Satanás, o inimigo da alegria. Ele maquina a melhor maneira de roubar a alegria de minha alma, e em meus piores momentos, ele quase consegue. Com a voz rouca, faço afirmações estrondosas de louvor a Deus, ecoando Salmos 98.4: "Aclamem o SENHOR todos os habitantes da terra! Louvem--no com cânticos de alegria e ao som de música!". Com o rosto para o alto, às vezes com lágrimas escorrendo pela face, declaro ao universo inteiro que nada — *nada* — pode me impedir de adorar meu Deus fiel.

E então? Hoje você vai cantar? Vai estudar o que Deus tem feito, maravilhar-se com as obras dele e louvá-lo? Você pode escolher fazê-lo, não importa que tipo de dia esteja tendo, não importa o que seus sentimentos lhe digam, não importa qual seja o seu humor. Você pode escolher regozijar-se hoje. Filipenses 4.4 diz: "Celebrem o nome de Deus o dia inteiro, todos os dias! Quero dizer, alegrem-se nele!" (AM). Salmos 92.4 diz: "Tu me alegras, SENHOR, com os teus feitos; as obras das tuas mãos levam-me a cantar de alegria". "Aqui estou, Deus, para dizer-te que tu és digno, que tu és confiável, que eu confio em ti, e que estou erguendo minha voz para louvar-te".

Não é preciso ter uma grande voz para cantar louvores. Você pode coaxar como um sapo ou latir como um cão. Um ruído alegre é suficiente. Deus se importa com a capacidade de seu coração de entrar em louvor por quem ele é e o que ele faz. E de vez em quando, vá em frente e dê alguns gritos; fará bem à sua alma.

OS CAMINHOS DE DEUS SÃO AMOROSOS

Ao meditar — ponderar, refletir, considerar, revisar e ruminar — no valor de Deus, em sua Palavra e em suas obras, começaremos a ver uma mudança em nossa perspectiva acerca das circunstância ao redor. Escolher meditar nos caminhos amorosos de Deus nos conduzirá ao longo de alguns pontos ásperos da vida.

Salmos 18.35 diz: "Tu me proteges com a armadura da salvação; tua mão firme me sustenta; tu me afagas com ternura" (AM). Eu estaria mentindo se lhe dissesse que nunca questionei o amor de Deus por mim. Houve momentos terríveis em que eu não percebia a mão de Deus em minha vida como um toque gentil. Por vezes, sentia sua mão em minha vida como um fardo pesado, que eu achava difícil suportar. Talvez você saiba exatamente do que estou falando, pois também tem se perguntado como um Deus amoroso pôde permitir que *aquilo* acontecesse.

Esses são os momentos em que Satanás dá as caras com suas sugestões para duvidarmos de Deus e pararmos de acreditar que Deus é bom e amoroso — para desistirmos de nossa fé. Devemos deliberadamente escolher lembrar a nós mesmas de quem Deus é: Deus foi fiel antes; ele será fiel novamente. Como disse Carol Kent: "Percebemos que, quando circunstâncias impensáveis entram em nossa vida, surge um ponto em que ou firmamos o pé no que cremos ou deixamos aquela crença para trás".[2] Nesses momentos, conhecer Deus e crer nele são atitudes fundamentais, pois elas nos atraem de volta a versículos como estes: "Seu amor tomou conta da nossa vida. Os caminhos fiéis do Eterno duram para sempre" (Sl 117.2, AM); e "O SENHOR é fiel em todas as suas promessas e é bondoso em tudo o que faz" (Sl 145.13).

A Palavra de Deus é a corda de resgate que me ajuda a lembrar a bondade divina revelada no passado. Eu relembro os momentos em que não achava que Deus era amoroso, mas depois fui capaz de reconhecer como ele havia redimido o sofrimento e transformado a devastação em algo bonito.

Sou uma grande fã de vitrais e mosaicos, não os feitos a partir de um kit adquirido por meio de um catálogo, mas aqueles nos quais o artista pega fragmentos multicoloridos de vidro ou ladrilho quebrado e cria uma obra-prima digna de exibição em uma catedral majestosa. As implicações espirituais são óbvias. Essas esplêndidas criações despertam em minha alma o desejo de entregar meus estilhaços ao toque amoroso de Deus, e aguardar que ele os rearranje artisticamente em algo belo. O período de espera pode durar mais tempo do que eu gostaria, e é perfeitamente possível que até a eternidade eu não conheça a beleza plena dos pedaços combinados de minha vida, mas não se engane: os caminhos de Deus são amorosos.

Ao questionamos o amor de Deus, onde a alegria se encaixa? Em lugar nenhum! Ela evapora e se esvai. Meditar nos caminhos amorosos de Deus — quer os compreendamos, sintamos ou experimentemos da maneira que imaginávamos ou não — mantém a alegria sã e salva.

A VONTADE DE DEUS É BOA

Quando estou num avião, sou uma passageira tensa; não tenho problema em assumir isso. A única razão por que não viajo apenas de carro, trem ou barco é que prometi a Deus que não deixaria o medo me impedir de realizar algo que sinto ser da vontade dele. A vontade divina claramente me levou a ser *total* defensora de pessoas com HIV e de órfãos e crianças vulneráveis. Voar, portanto, é uma necessidade.

A coisa que mais odeio em voar — além de ficar na pista durante uma tempestade de neve enquanto retiram o gelo da superfície do avião — é quando a aeronave de repente encontra um temporal. Normalmente, escolho um assento perto da janela e deixo a cobertura de plástico aberta o tempo todo. Contudo, num temporal descubro que, se eu fechar a cobertura, meu nível de medo é mais administrável. Se tudo que posso ver fora da janela é uma névoa cinza, fico assustada; a sensação é de que não tenho mais controle algum. É claro, para começo de conversa nunca tive controle algum, mas tinha a ilusão de controle! Quando vem o temporal, passo a pensar: "Se eu não posso ver, o piloto não pode ver; e se ele não pode ver, nós estamos caindo!".

Muitas vezes na vida nos sentimos como se estivéssemos voando às cegas. As circunstâncias nos deixam confusas, perplexas e inseguras; tudo parece envolto em névoa. Começamos a entrar em pânico e a gritar a Deus: "Está escuro aqui. Não consigo ver! Deus, se eu não posso ver, então talvez tu também não possas. E se tu não podes ver, então é certeza que estou caindo!".

Assim como tenho de interromper mentalmente o pânico físico quando tempestades ou turbulências sacodem o avião, tenho de interromper o pânico espiritual que começa a se multiplicar quando uma situação parece fora de controle. Meditar em quem Deus é nos faz lembrar que a vontade dele é boa. Ele *vê* a escuridão ao nosso redor, mas também vê além. Jeremias 29.11 diz: "'Porque sou eu que conheço os planos', diz o SENHOR, 'planos de fazê-los prosperar e não de lhes causar dano, planos de dar-lhes esperança e um futuro'".

> Uma vez que a vontade de Deus é boa, podemos abraçar a alegria em vez de acolher o medo.

Uma vez que a vontade de Deus é boa, podemos abraçar a alegria em vez de acolher o medo. Quando de fato cremos que a vontade de Deus é boa, não temos razão alguma para temer.

O SISTEMA DE VALORES CELESTIAL

A essa altura, você pode perguntar: "Como a meditação em quem Deus é — seu valor, sua Palavra, suas obras, seus caminhos e sua vontade — me dá alegria? Como a meditação causa a transformação de que você está falando?".

Falamos sobre nossa maneira de pensar — a forma como desenvolvemos convicções inabaláveis acerca de Deus — a fim de que enfrentemos os problemas com uma mentalidade alegre. O percurso exige que nos desloquemos de uma perspectiva negativa, rebelde e medrosa, que diz: "Deus, não confio em ti, não entendo o que estás fazendo e, até que me expliques e ponhas fim nessas complicações todas, não adorarei a ti", em direção a um ponto de vista mais positivo e esperançoso que diz: "Deus, eu confio em ti, não importa o que aconteça. Deus, serei sempre tua até o dia em que vieres a mim. Não me afastarei de ti. Creio que teu valor é incomparável. Creio que tua Palavra é confiável. Creio que tuas obras são belas. Creio que teus caminhos são amorosos. Creio que tua vontade é boa. Creio em todas estas coisas a teu respeito, apesar do que vejo".

Ao mudar a forma de pensar acerca de Deus e de quem ele é, seu sistema de valores começa a mudar, e você adota o "sistema de valores celestial". Muitos anos atrás, tive o privilégio de ter aulas com Russell Kelfer, um homem simples, do campo, que ensinava na escola dominical em San Antonio, Texas. Ele nunca atingiu fama ou aclamação mundana, mas não tenho dúvidas de que, quando Russell chegar ao céu, terá um lugar de destaque. Sujeito normal, ele tinha sabedoria e percepção em relação às coisas espirituais como ninguém mais que conheci, e foi ele que abriu meus olhos para o sistema de valores celestial.

O que Deus valoriza? Deus valoriza o caráter acima do conforto, a fé acima do medo, a misericórdia acima do julgamento, a justiça acima da injustiça, as pessoas acima dos bens materiais, a verdade acima da falsidade, a humildade acima do orgulho, a esperança acima do desespero, o amor acima da apatia. Em outras palavras, Deus valoriza coisas duradouras. Ele possui uma perspectiva eterna. Deus nos convida a ver a vida a partir dessa mesma perspectiva, a acreditar que ele está agindo na história de maneiras que muitas vezes permanecem misteriosas para nós, a crer que ele está resgatando o que foi roubado e curando o que foi quebrado.

O apóstolo Paulo é meu favorito por causa do modo com que vivenciou sua fé. Como aconteceu com Jesus, Paulo estava bem familiarizado com o sofrimento. Ele o explica com detalhes em 2Coríntios 11.23-28. Suas aflições incluem espancamentos, naufrágios, fome e solidão. De fato, ele compôs o livro de Filipenses enquanto estava preso por pregar o evangelho.

Mesmo quando acorrentado exteriormente, por dentro ele era livre. Por tudo isso — e talvez *por isso* mesmo — Paulo era alegre o bastante para escrever: "alegrem-se sempre no Senhor"; "deem graças em todas as circunstâncias"; "tudo posso naquele que me fortalece"; "aprendi o segredo de viver contente em toda e qualquer situação"; e "nos gloriamos nas tribulações".

Paulo não era uma máquina robótica, que sofreu lavagem cerebral, alheio à dor das pancadas, à fome torturante, ou à miséria de uma noite no mar gélido. Ele não se sentou em uma cela fria e úmida acorrentado a um guarda romano e dizendo: "Eu gosto disso!".

Não — ele era um ser humano. Se você lhe perguntasse se ele escolheria uma vida confortável ou desconfortável, Paulo provavelmente diria: "Quem não deseja uma vida confortável? Eu preferia não estar aqui neste chão gelado e duro. Preferia não ter minha mão presa a outra pessoa o tempo todo. Preferia ter um par de cobertores quentes. Preferia ter meus amigos perto de mim. Preferia estar viajando pelo Império Romano e falando sobre Jesus. Mas se é aqui que Deus me pede para estar, é aqui que estarei. E vou escolher a alegria neste lugar".

Há muito, Paulo havia aprendido que Deus era a única fonte verdadeira de alegria. Ele já experimentara a dor de ser abandonado por amigos, de ver as portas das cidades sendo fechadas diante dele, de provar que bens terrenos não podiam satisfazê-lo, de ter recebido uma educação que não pudera salvá-lo, e de carregar uma personalidade que muitas vezes o colocara em apuros. Não, Deus era sua única fonte verdadeira de alegria, e por causa disso, com fé e constância, Paulo escolheu concentrar-se não no que podia ver com os olhos, mas naquilo que podia ver com o espírito.

Não é de admirar que Paulo possa nos exortar, dois mil anos depois, a regozijar, a dar graças em tudo, a estar contentes com o que possuímos, a ter paciência na aflição, e a não perder o ânimo. Ele conhecia o sistema de valores celestial, e também as alegrias celestiais.

Paulo fez algo que eu desejo fazer todos os dias. Desejo ver minhas perdas, decepções, mágoas, dores e tristezas através do sistema de valores de Deus. É por isso que Paulo tinha alegria: ele escolheu o sistema de valores celestial vez após vez.

Ele escreveu esta afirmação apaixonada em 2Coríntios 4.16-18:

> Por isso não desanimamos. Embora exteriormente estejamos a desgastar-nos, interiormente estamos sendo renovados dia após dia, pois os nossos sofrimentos leves e momentâneos estão produzindo para nós uma glória eterna que pesa mais do que todos eles. Assim, fixamos os olhos, não naquilo que se vê, mas no que não se vê, pois o que se vê é transitório, mas o que não se vê é eterno.

Se existe um segredo para a alegria, é este: escolher o eterno acima do temporário.

Quando você e eu escolhemos o temporário acima do eterno, depositando nossas frágeis esperanças por alegria em fontes terrenas ainda mais frágeis, vamos nos decepcionar. Mas ao depositarmos nossas débeis esperanças em Deus, ficamos confiantes e temos segurança — não em um resultado, mas em uma Pessoa. *Ele é a nossa única fonte verdadeira de alegria!*

Oração

Senhor, ensina-me a alinhar meu sistema de valores com o teu. Ajuda-me a escolher o eterno acima do temporário. Não sou boa nisso. Eu mais erro do que acerto. Deus, constrói em mim a firme certeza de que tu estás no controle, uma confiança que me permita andar pela vida sem ser destruída pelo que acontece, mas crendo que, no final, tudo vai dar certo, pois tu és Deus. Que assim eu possa te louvar, pois teu caráter, tua Palavra, tuas obras, teus caminhos e tua vontade não mudam. Em nome de Jesus Cristo, homem de tristezas e, no entanto, também um homem de alegria, amém.

Para reflexão e aplicação

1. Separe um minuto de silêncio e calma — peça a Deus para ajudá-la a receber o que ele deseja mostrar a você. Em oração, leia o salmo 119. Existem ações que você precisa tomar enquanto busca a alegria?

2. "Deus valoriza o caráter acima do conforto, a fé acima do medo, a misericórdia acima do julgamento, a justiça acima da injustiça, as pessoas acima dos bens materiais, a verdade acima da falsidade, a humildade acima do orgulho, a esperança acima do desespero, o amor acima da apatia." Reflita em suas ações esta semana. Em que circunstâncias de sua vida você enxerga o sistema de valores celestial?

6 Crendo, mesmo na escuridão

"Pela imensa misericórdia do Senhor, sobre nós nascerá o sol do seu amor, que brilhará sobre os que vivem em trevas e em negridão, assentados na sombra da morte, em total escuridão. Por ele nossos passos serão guiados, pelo caminho da paz seremos levados."

Lucas 1.78-79, AM

Se a alegria não surgir em meio à tragédia, não surgirá em situação alguma. A alegria cristã está enraizada na escuridão, no caos, na falta de sentido, na tristeza. [...] Separe a alegria da tristeza e verá que não sobra nada.

Mike Mason

Sábado, 11 de outubro de 2008. Em minha lista de coisas a fazer nesse dia havia uma visita a Cole, meu neto de 7 semanas de idade. Cole nasceu cinco semanas prematuro e, por causa das circunstâncias de emergência que envolveram seu nascimento, ele quase não sobreviveu. Meu coração ainda sentia o resíduo das emoções decorrentes da possível perda de meu neto no dia de seu nascimento, e eu não me cansava de abraçá-lo, sorvendo seu cheiro de bebê e aninhando sua cabecinha cabeluda. Eu também tinha uma razão secreta para passar na casa de meu filho, Josh, e de minha nora amada, Jaime: eu tinha uma forte suspeita de que Jaime apresentava um tumor cerebral.

Durante as semanas seguintes ao nascimento de Cole, Jaime não havia sido ela mesma, e a cada dia daquela semana ela parecia ter um novo e assustador sintoma de algo ruim: a cabeça lhe pesava, via tudo duplicado, vomitava sem sentir náusea.

No sábado da visita, enquanto conversávamos, ela disse rindo: "Não consigo andar em linha reta", e levantou-se para demonstrar. No momento em que a graciosa e atlética Jaime não conseguiu manter o equilíbrio, eu *soube*. Minha nora e meu filho eram cautelosos em relação aos sintomas físicos dela, e não queriam apressar-se em uma sequência de exames médicos infrutíferos; além disso, eles ainda se recuperavam do choque traumático do nascimento de Cole. Prometeram ir a um médico na segunda--feira caso ela não sentisse alguma melhora, mas eu saí da casa aflita e com medo. Desde então, as pessoas me perguntam por que eu tinha tanta certeza de que Jaime apresentava um tumor cerebral. Acaso tenho treinamento médico? Tudo o que posso dizer é que pela primeira vez valeu a pena ser hipocondríaca!

Muitas horas depois, meu filho me informou que estava levando Jaime para o serviço de emergência, mais por precaução do que por medo de que houvesse algo errado. Em pouco tempo, porém, o médico se incumbiu da terrível tarefa de nos informar que Jaime possuía um tumor cerebral e precisava ser internada no hospital imediatamente. O tumor pressionava seu nervo óptico, o que podia causar cegueira, e, ainda mais grave, Jaime tinha excesso de fluido no cérebro, o que era potencialmente fatal.

Tudo se passou bem rápido a partir daquele momento. Fomos consumidos por decisões acerca de quais exames eram necessários, aonde ir para realizar a delicada cirurgia, como cuidar de nosso doce Cole. Em 36 horas, Jaime estava no Centro Médico Ronald Reagan da Universidade da Califórnia em Los Angeles (Ucla), sendo preparada para a delicada cirurgia cerebral em que se tentaria remover um tumor do tamanho de uma bola de tênis. O cirurgião especulou que era um tumor benigno, de crescimento lento, que ela tivera a vida toda, mas que estava intrinsecamente ligado a partes vitais e extremamente vascularizadas do cérebro, ou seja, a cirurgia seria complexa, demorada e com potencial catastrófico.

O dia da cirurgia parecia se estender sem que vislumbrássemos um fim. A operação inicial levou mais de vinte horas agonizantes e terríveis — recebíamos apenas informes periódicos da sala de cirurgia. Então, o dr. Neil Martin, o exausto cirurgião, veio até a sala repleta de familiares e amigos que se espalhavam pelo corredor e nos informou que o tumor todo — exceto por um pedaço do tamanho de uma unha no cerebelo — havia sido removido. Gritamos de alívio e alegria, agradecendo o fato de que ela havia sobrevivido e parecia estar em boas condições.

Em uma hora, o dr. Martin estava de volta, dizendo que Jaime havia desenvolvido um sangramento crítico no cérebro e que uma cirurgia de emergência era necessária. Mal conseguindo formar palavras, perguntei-lhe quanto tempo levaria até que o ponto crítico se tornasse fatal; a resposta dele foi curta e objetiva: "Tudo depende da rapidez com a qual encontrarmos o sangramento e consigamos detê-lo". E com essas palavras de parar o coração, ele correu para a sala de cirurgia.

Outras cinco horas de espera... espera... espera... e esperança e orações. Então, finalmente as boas notícias vieram: haviam encontrado o sangramento e conseguiram repará-lo a tempo. Agora, a questão realmente assustadora: Jaime ficaria com sequelas? Muito cedo para saber, disseram os médicos.

Em duas semanas, Jaime precisou de mais uma cirurgia. O fluido da espinha cerebral não escorria de forma adequada, e ela precisava de um desvio cranial interno. Com 60% de chances de sucesso, ela voltou para a sala de cirurgia. Deu certo!

Durante o mês seguinte, observamos, estarrecidos de felicidade, como dia após dia Jaime vencia todas as adversidades. Depois de poucos dias ela saiu do aparelho de respiração, conseguiu comer (embora a garganta estivesse parcialmente paralisada), recuperou lentamente a visão, começou a sorrir e, por fim, a maior vitória — ela andou. Em nosso coração, pensávamos que ela era um milagre, mas quando um dos médicos a viu dando o primeiro passo pelo corredor do hospital com um andador e uma enfermeira, ele tinha lágrimas nos olhos. "Um milagre", murmurou baixinho. Hoje, o lado esquerdo de sua cabeça carrega o impacto do tumor e das cirurgias: sem audição no ouvido esquerdo, sem lágrimas, sem corrimento nasal e sem papilas gustativas desse lado — mas, no âmbito geral, sequelas muito pequenas. Ela ainda é Jaime, sem consequências físicas ou emocionais, sem mudanças de personalidade, sem perdas mentais.

No espaço de três meses, minha família enfrentou uma montanha-russa emocional: Cole veio ao mundo antes da hora e quase morreu, Jaime passou por três cirurgias cerebrais e quase morreu, e um ente querido foi hospitalizado por conta de uma enfermidade mental. Mesmo que nos regozijássemos com o fato de Jaime estar viva e saudável, de Cole ter sobrevivido à perigosa experiência do parto, e de nosso ente querido estar apresentando progressos, os três meses de medo incessante, a quase perda, o trauma, o drama, a dor e o sofrimento cobraram seu preço em nossa família. Nosso incrível círculo de apoio de amigos e familiares uniu-se em torno de nós de maneiras que jamais me esquecerei, mas, ainda assim, perdi cerca de um terço do cabelo por conta do estresse, acabei com uma lesão no joelho (de tanto ficar em pé no piso duro) que precisou de cirurgia, e tive pesadelos nos quais revivi cada momento assustador.

ABRINDO A PORTA PARA A ALEGRIA

Nascimento e quase morte, doença e recuperação, tragédias e milagres, alegria e tristeza. Um retrato perfeito da vida como a conhecemos. Os trilhos paralelos da alegria e da tristeza estão sempre correndo lado a lado ao longo da vida. Escolher crer durante a escuridão — em nossa vida pessoal e numa escala global — abre a porta para a alegria.

Algumas de vocês podem estar impressionadas com os sofrimentos de minha família em comparação aos seus. Outras poderiam superar minhas histórias num piscar de olhos; a pilha de sofrimento que vocês suportaram ou estão suportando aumenta a cada dia. O ponto não é sobre quem sofre mais, ou como as pessoas lidam com o sofrimento, mas como enfrentar o sofrimento que aparece em sua jornada.

Eu costumava pensar que, quando aparecia em meu caminho, o sofrimento era um inimigo com o propósito de me destruir. Embora seja verdade que algumas das armas favoritas de Satanás contra os seguidores de Cristo sejam a doença, o sofrimento e a perda, também estou aprendendo que Deus usa o sofrimento intenso para nos revelar a grande riqueza que se oculta nos lugares secretos de aflição. Uma história bíblica escondida no livro de Isaías ilustra lindamente essa verdade.

Isaías conta a história da rebelião de Israel contra Deus, o que resultou no cativeiro de uma nação inteira pelos babilônios. Durante 39 capítulos, o profeta detalha os muitos pecados e falhas de Israel e as razões para a punição enviada por Deus.

Porém, em Isaías 40 e nos capítulos seguintes, ele começa a lembrá-los de que Deus não esqueceu nem descartou os israelitas, ainda que não o tivessem honrado como seu Deus. Ele não somente corrigirá as coisas no mundo mediante a vinda do Messias, Jesus, mas também redimirá Israel do cativeiro por meio de um rei gentil, Ciro. Deus promete que Ciro encontrará tesouros de joias e ouro escondidos, os quais lhe trarão riqueza inacreditável. Essa fortuna irá ajudá-lo a cumprir o destino que Deus lhe reservara ao financiar suas conquistas militares.

Eu adoro saber que nós servimos a um Deus que cumpre suas promessas. O Senhor disse que Ciro se tornaria rei, que enriqueceria de modo fabuloso, e que seria usado por ele para libertar Israel; e aconteceu exatamente da maneira que Deus prometeu. Ver Deus cumprir sua promessa de libertação e resgatar Israel fortalece minha fé.

Mas tenho de lhe dizer que, recentemente, tarde da noite, numa busca desesperada por conforto para o sofrimento intenso em minha vida, eu não me importava muito com Ciro, Babilônia ou Israel. Estava me sentindo angustiada por um ente querido que por muito, muito tempo vivia com um distúrbio bioquímico. Ansiosa, eu antecipava uma situação que, a meu ver, poderia terminar mal e partiria ainda mais meu coração. Pensei: "Não consigo mais suportar esse sofrimento, Deus. Não consigo suportar essa escuridão que envolve a mim e a meus entes queridos. Preciso de ti esta noite". Embora tivéssemos passado por momentos de trevas intensas com o parto de Cole, a doença de Jaime e a hospitalização psiquiátrica, eu ainda não havia aprendido tudo o que Deus queria me ensinar a respeito de experimentar alegria nas profundezas do sofrimento.

Então, abri um programa bíblico de computador e comecei a caçar, de Gênesis a Apocalipse, cada versículo que pudesse encontrar no qual as palavras "trevas" e "escuridão" eram mencionadas, e rapidamente compilei cerca de vinte páginas de referências. Encontrei versículos que me confortaram e outros que me confundiram, mas acima de tudo percebi que eu não era a primeira pessoa a clamar a Deus na escuridão de minhas circunstâncias.

Em 2Samuel 22.12, o rei Davi diz que Deus "se cobriu com densas nuvens de chuva" (AM). "Sim! É exatamente como me sinto, Deus! Sinto como se tu te escondesses de mim e eu não pudesse te encontrar." Identifiquei-me com Jó em Jó 19.8: "Ele bloqueou o meu caminho, e não consigo passar; cobriu de trevas as minhas veredas". "Deus, não consigo atravessar as barreiras que tu erogueste; estou na total escuridão." Minha alma ecoava a súplica desesperada do rei Davi em Salmos 13.3: "Ó SENHOR, meu Deus, dê-me um pouco de atenção; dê-me um pouco de luz, senão eu me perderei nesta escuridão e acabarei morrendo" (NBV).

A essa altura — tendo examinado versículos por toda a Bíblia até Isaías — vi-me concordando de coração com os personagens bíblicos que acusavam a Deus com raiva e lhe repreendiam pela aparente ausência durante seus problemas. Quando cheguei à história de Ciro em Isaías 45, as palavras proféticas saltaram da página. O poder da promessa de Deus me impactou tanto que de fato parei para respirar fundo:

> Darei a você os tesouros das trevas,
> riquezas armazenadas em locais secretos,
> para que você saiba

que eu sou o Senhor,
o Deus de Israel,
que o convoca pelo nome.

Isaías 45.3

Meu primeiro pensamento: "Não quero ficar nas trevas. Não quero que meus entes queridos fiquem nas trevas. Quero sair das trevas *agora*".

Meu segundo pensamento: "Será que isso é mesmo verdade? Pode haver tesouros escondidos nas trevas?".

Meu pensamento seguinte: "Se existem tesouros nas trevas, não acho que os queira. Obrigada, de qualquer modo. Porque isso provavelmente quer dizer que só vou encontrá-los se permanecer neste sofrimento e, Deus, não quero mais sofrer assim".

Tudo o que pude ver naquele momento foi o trilho da tristeza em minha vida; a alegria não estava em nenhum lugar por perto. O desafio imediato era acreditar que realmente existem tesouros nas trevas e, então, crer que eu poderia encontrá-los. Sim, eu tinha de aceitar e abraçar a verdade de que esses tesouros pertencem a uma categoria especial de dádivas de Deus, riquezas escondidas que *só* podem ser encontradas nos lugares secretos de minhas dores e agonias mais profundas.

Um de meus autores favoritos, Henri Nouwen, diz: "Muitas vezes, nosso copo está tão cheio de dor que a alegria parece completamente inalcançável. Quando somos esmagados feito uvas, não conseguimos pensar no vinho que vamos nos tornar".[1]

Eu tinha de tomar uma decisão, e você também tem: vou me entregar a Deus na escuridão, crente de que encontrarei tesouros de alegria, bênção e sentido? Mesmo que eu não aprecie, Deus me permitiu estar naquele lugar escuro. Eu tinha de decidir se ia aceitar ou não a situação, a fim de que ele me guiasse até os tesouros que eu só poderia encontrar no sofrimento.

Talvez, ao ler isto, você esteja pensando: "Não conheço esse tipo de trevas. Na infância, minha vida em família não era perfeita, mas era calorosa e provedora, ou pelo menos agradável. Eu me saí bem na escola, tive sucesso razoável nos esportes e nas aulas, e era relativamente popular. Não tive maiores problemas de saúde até agora. Não sou rica, mas me parece sempre haver o suficiente para sobreviver. As coisas andam muito bem para mim no momento. Muito do que ela diz não se aplica a mim".

Se é o que está pensando, talvez seja prudente adiantar--se e começar a se preparar para procurar tesouros de alegria nas trevas *agora*. Pois as trevas virão. Não estou dizendo isso para assustá-la. A realidade, porém, é que aqui é a terra, não o céu. Pecado, dor, doença, perda, separação, luto, enfermidade mental, falência, morte e todo um conjunto de outras circunstâncias terríveis acontecem diariamente, e cada uma de nós precisa estar preparada para dias sombrios. O fato é que você não se prepara para a escuridão emocional armazenando comida enlatada, lendo manuais de sobrevivência, passando a noite em claro com medo do futuro ou ficando paralisada por ele. O que lhe estou sugerindo é fazer o que apóstolo Paulo nos instruiu:

> Deixem que as raízes de vocês se aprofundem nele e extraiam dele a nutrição. Continuem crescendo no Senhor, e tornem-se fortes e vigorosos na fé, como foram ensinados. E que a vida de vocês transborde de alegria e gratidão.
>
> Colossenses 2.7, NBV

106 ESCOLHA A ALEGRIA

Incentivo você a depositar deliberadamente suas raízes em Jesus hoje, de modo que sua fé se torne rica, íntima e estável, capacitando-a a resistir ao pior que este mundo lançar em você. Desejo que você consiga encontrar os tesouros de alegria quando a escuridão for densa a ponto de não ser possível ver sequer sua mão à frente do rosto.

Aprendemos que Ciro encontrou riquezas nas trevas, tal como a profecia de Isaías 45.3. Porém, não acredito que esse versículo seja apenas sobre Ciro. Deus está nos dizendo que, da mesma forma que ele enriqueceu um rei gentil para que este pudesse cumprir sua missão, enriquecerá você e eu com riquezas em lugares secretos, as quais nos capacitarão a cumprir seu chamado para nossa vida.

Assim, ao falarmos sobre a alegria — tesouro verdadeiro — escondida no sofrimento, meu primeiro desafio é que você decida se acreditará ou não que Deus tem um plano. Você crê que ele lhe prometeu tesouros e que você pode buscá-los? Crê que, mesmo nas trevas pelas quais está passando, Deus pode lhe dar alegria?

Do lixo ao tesouro

Você se lembra de brincar de caça ao tesouro quando criança? É uma brincadeira fácil e divertida da qual participei muitas vezes na infância. No caso de você nunca ter sentido a emoção de uma caça ao tesouro, deixe-me explicar. O objetivo do jogo é que você e seus amigos façam uma lista de itens estranhos e aleatórios que seus vizinhos possam ter — fio dental sabor chiclete, prendedor de roupas de madeira, uma peça vermelha de jogo de damas — e depois corram freneticamente de casa em casa, à frente de seus amigos, para ver se os vizinhos lhes emprestam seus "tesouros". Quem coletar o maior número de itens da lista vence o jogo. Era muito divertido trazer essas quinquilharias — não sabíamos que os vizinhos eram estranhos até bater na porta deles e descobrir que, de fato, tinham um par de meias de Natal iluminadas para emprestar!

Contudo, as coisas que você coleta numa caça ao tesouro são, vamos admitir, basicamente lixo. Ninguém de fato acredita que essas bugigangas sejam tesouros.

Por vezes pensamos que Deus nos propõe um jogo cruel; ele quer nos levar a uma caça ao tesouro em busca de "riquezas" que, na verdade, são lixo. Mas Deus deixa claro que ele quer nos dar tesouro real, alegria real, contentamento real. Algo

> Deus deixa claro que ele quer nos dar tesouro real, alegria real, contentamento real.

de valor incrível. Algo que nos fará espiritualmente ricos. Com certeza, ele não quer nos oferecer lixo disfarçado de tesouro.

Assim diz a Bíblia:

> Essas provações apenas põem à prova a fé que vocês têm, para verificar se ela é forte e pura ou não. Ela está sendo experimentada como o fogo que prova o ouro e o purifica — e a fé que vocês têm é muito mais preciosa para Deus do que o simples ouro; portanto, se essa fé permanecer firme, isso redundará em muito louvor, glória e honra no dia em que Jesus Cristo for revelado.
>
> 1Pedro 1.7, NBV

A meu ver, o processo de transformar lixo em tesouro é contínuo e seguirá até Deus me levar ao céu. Mas nesse meio tempo, permita-me partilhar com você como parte de meu lixo se transformou em tesouro.

108 ESCOLHA A ALEGRIA

Como disse antes, em 2003 fui diagnosticada com um câncer de mama no estágio 1. Um ano e meio depois, fui diagnosticada com melanoma também no estágio 1. Por meio da prova de fogo do câncer, Deus produziu ouro em minha vida, algo que tem durado e trazido alegria. Uma dádiva divina do tipo "lixo que virou tesouro" é a nova capacidade de relacionar-me com pessoas cuja doença põe a vida em risco. Antes do meu diagnóstico, eu já era defensora de pessoas com HIV, mas, depois de ter experimentado o câncer, pude olhar nos olhos das pessoas ao redor do mundo e lhes dizer: "Não sei como é ser HIV positivo, mas sei de verdade o que é receber um diagnóstico fatal". Experimentei novos níveis de empatia e compaixão que jamais teria alcançado sem passar pelo câncer.

Aprendi também que posso encarar a morte. Eu tinha muito, muito medo de morrer. Não que tivesse medo do que aconteceria comigo após a morte, porque estava certa de minha salvação mediante Jesus Cristo, mas tinha medo do processo de morrer. Deus me mostrou que eu não precisava temer. Esse "tesouro" — libertação do medo — trouxe grande alegria à minha vida.

Reconheci quão preciosa e frágil é a vida. Não fantasio mais que vou envelhecer e me sentar em uma cadeira de balanço na varanda, com meu marido, para assistir ao pôr do sol. Entendo agora que, num breve momento, a vida pode mudar para sempre. Mas perceber isso me causa alegria no presente, não medo em relação ao futuro. A cada dia, ao acordar, vivo com mais paixão e propósito do que vivia antes, pois não sei nada sobre o amanhã — o amanhã ainda pertence a Deus — tudo o que sei é sobre hoje.

Ganhei uma caminhada mais íntima com Jesus à medida que tive de confiar nele de maneiras que nunca havia confiado antes. Tive de confiar nele quanto à possibilidade de deixar meu marido e filhos e não ver meus netos crescerem. Tive de confiar nele quanto ao fato de meu diagnóstico ter surgido justamente seis meses depois de eu ter começado a visitar a África. Encontrei-me orando: "Tu me chamaste para defender as pessoas, e agora eu posso morrer?". Aprendi a confiar em Deus em situações assim.

Cresceram também minha simpatia pelo céu e minha expectativa por ele. O céu me parece muito mais belo agora que sei que, ali, mentes e corpos alquebrados são finalmente curados e restaurados.

Que alegria ser capaz de me relacionar com pessoas que sofrem e dizer-lhes que sei como se sentem! Que alegria saber que minha vida é breve e que cada dia conta! Que alegria olhar para minha família e meus amigos e afirmar-lhes que são importantes e que desejo passar tempo com eles! Que alegria viver cada dia sabendo que o céu é um lugar de cura! Essa é a alegria que não vem *apesar* do sofrimento, mas *por causa* do sofrimento. Reverencio os tesouros, as ocultas riquezas da alegria, que encontrei nos lugares secretos da escuridão.

Oração

Pai, ajuda-me a ver os tesouros da alegria nas trevas da vida. Quando eu passar por momentos difíceis, quero crer que tu tens riquezas escondidas em lugares secretos. Perdoa-me por acreditar na mentira de que o sofrimento nada é senão um inimigo a me ferir, em vez de acreditar que tu és meu amigo. Tu estás ali para caminhares comigo e para me mostrares tesouros que de outro modo eu não veria. Impede-me de rejeitar a dádiva da alegria trazida pela tristeza. Que eu busque a ti como aquele que está perto, que é íntimo, que me chama pelo nome. Que o sofrimento em que estou me empurre na direção de uma grande paixão por ti e rumo a uma alegria ainda maior em ti. Em nome de Jesus, amém.

Para reflexão e aplicação

1. Pense em algum momento de tristeza profunda em sua vida, algo que ficou para trás. Que tesouro você encontrou?
2. Se um ente querido descrevesse você a alguém, o que gostaria de ouvi-lo dizer a seu respeito? O que levaria a pessoa a descrevê-la como uma mulher de alegria?

PARTE 3

A alegria é uma condição do coração

Cultive uma resposta da alma
que permita à alegria crescer

Mais uma vez, meu espírito excessivamente sensível fora esmagado pelo conflito — dessa vez, com uma amiga muito querida. Minhas defesas de autoproteção estavam armadas e prontas para entrar em ação, mas eu não conseguia decidir se queria lançar palavras ofensivas ou apenas retirar-me para a escuridão aconchegante da autocomiseração e depressão.

Outra opção se apresentou quando me lembrei de Jeremias 2.13 e da poderosa imagem de cavar minhas próprias cisternas para encontrar alegria. Eis uma oportunidade perfeita para, deliberadamente, com intenção e propósito, depositar minha alegria não em uma amiga, que representava uma cisterna incapaz de reter água, mas no Deus que nunca vai me deixar ou abandonar — mesmo quando estou aquém de meu melhor comportamento. "Tu és minha fonte de alegria, Deus, eu escolho a ti", sussurrei para mim mesma.

O conflito ainda tinha de ser resolvido, mas cheguei até ele a partir de um lugar de renovação espiritual e força; não mais à procura irreal de alegria em outro ser humano frágil, e sim confiante de que tinha um Amigo cuja presença em minha vida era permanente.

Talvez você não esteja pronta para dizer com ousadia: "Deus, tu és a única fonte de alegria para mim". Talvez você só possa sussurrar essas palavras, sem muito entusiasmo, em determinados dias. Talvez esteja na fase em que tudo o que consegue fazer é pensar nisso com cautela. Porém, mesmo se você apenas permitir a entrada desse pensamento em sua mente, já é um progresso! É o início da jornada pela qual Deus quer conduzi-la. Com o tempo, à medida que você e eu depositarmos nossa esperança e confiança em Deus e meditarmos em quem ele é, começaremos a nos comprometer com o sistema de valores celestial. E a alegria cresce no sistema de valores celestial porque este é um sistema que toma por base não as circunstâncias externas, mas as certezas internas.

Assim como uma lavoura bem cuidada, a alegria cresce quando reservamos tempo para plantar, aguar, capinar e esperar pela colheita. Mike Mason diz:

> A direção da alegria nem sempre é para cima. Muitas vezes, para ser alegre é preciso descer — descer por entre o ruído de pensamentos apressados, descer por entre o turbilhão do caos das circunstâncias, descer por entre as aparências enganosas da vida, descer até as águas tranquilas e pastos verdes no centro do coração.[1]

Mas não se engane: a alegria pode crescer em você. Você a quer? O que você está disposta a fazer para ajudar a alegria a criar raízes em sua alma? Lembre-se de que temos um inimigo que ama, mais que tudo, nos ver jogadas pelo chão, aos soluços — despedaçadas, desanimadas e sem esperança. Se você quer a alegria, vai ter de lutar por ela. Se você acha que a sensação da alegria vem naturalmente, não prestou a atenção devida. A felicidade não requer esforço algum de nossa parte, mas a alegria resulta de nossas escolhas deliberadas de pensar, agir e sentir de maneira diferente. A felicidade vem de modo espontâneo e inesperado e pode ir embora tão abruptamente como chegou; a alegria pode estar disponível a qualquer hora, em qualquer lugar — mas é o resultado de nossa decisão de escolhê-la.

Há ações específicas que você pode realizar para permitir que as delicadas mudas de alegria amadureçam e se tornem uma planta robusta e resistente que pode suportar ventos de furacões, mas você tem de escolher cultivá-la com ternura em seu interior. Nesta seção, vamos analisar as ações que levam à confiança serena no âmbito de nossas emoções e atitudes, de forma que, quando coisas ruins acontecerem, já teremos a resposta necessária da alma para reagir com alegria. Não somente podemos crescer em nossa capacidade de cultivar alegria em nós mesmas, mas também podemos nos tornar hábeis em cultivá-la nos outros.

7 Cultivando a alegria em si mesma

Ele me enviou para consolar os que choram e dar a todos os que estão de luto em Sião uma bela coroa em vez de cinzas sobre a cabeça, o óleo de alegria em vez de lágrimas, um manto de louvor em vez de um espírito triste e abatido.

Isaías 61.2b-3, NBV

Os muros que construímos ao nosso redor para manter a tristeza do lado de fora mantêm fora também a alegria.

Jim Rohn

Em minha busca para descobrir como viver uma vida alegre, fiz uma descoberta surpreendente a meu respeito. Por mais que eu afirme ter o desejo de me tornar mais alegre, com frequência saboto a mim mesma e aos outros. Em vez de cultivar respostas do coração que me permitam brilhar como uma estrela na noite escura, encontrei-me fazendo horas extras para derrubar as sugestões de alegria que começam a florescer. Em algumas ocasiões, isso ocorre por causa das imponentes e opressoras circunstâncias da vida que aparecem como hóspedes indesejados, e me sinto impotente para mudar; mas em outras vezes, a alegria evapora em consequência de decisões e escolhas que faço em questões de relativa irrelevância. Não quero mais agir assim. Em vez de ser uma assassina da alegria, quero ser uma edificadora da alegria. Estou disposta a aprender a usar as ferramentas que farão a alegria criar raízes. Analisemos quatro maneiras de cultivar e edificar a alegria em nossa alma.

Foco na graça

Na época em que entrei na faculdade, meu coração era sincero, mas eu carregava uma grave má compreensão de como agradar a Deus. Eu crescera convicta de que, se fizesse as coisas certas, Deus me amaria; guardar as regras era meu bilhete de entrada para a vida de uma grande mulher de fé. *Graça* era um nome de mulher, não um atributo de Deus.

Rick e eu atingimos a maioridade durante uma época turbulenta, do final dos anos 1960 a meados da década seguinte — sabe como é, *hippies*, a guerra no Vietnã, o movimento dos direitos civis, a revolução sexual, Woodstock e, o melhor de todos, o Movimento de Jesus.

O Movimento de Jesus, com sua ênfase na adoração apaixonada e no discipulado radical, explodiu no cenário norte-americano por meio da música, da arte e da pregação ardorosa. De repente, igrejas racialmente segregadas — com coros que usavam toga e cantavam hinos serenamente, e pastores que pregavam as mesmas velhas mensagens da mesma velha maneira — não eram legais. Ser *boa gente* e ajustar-se ao *status quo* do mundo dos pais deixou de ser o objetivo dos jovens. Homens e mulheres de cabelos compridos levaram a sério o Jesus radical da Bíblia, e as mensagens passionais de obediência disciplinada, morte ao interesse próprio e amor sacrificial abalaram os Estados Unidos.

Quando o Movimento de Jesus assolou nossa pequena faculdade cristã, eu já tinha maturidade para experimentar algo além do cristianismo seguro com o qual havia crescido. Fiquei fascinada pelo desejo de ser *algo* para Deus. Infelizmente, adicionei minha má compreensão sobre a graça a essa mistura, e a obediência instantânea — seguir regras — tornou-se um deus por si só.

Uma das primeiras "regras" que comecei a seguir foi a de não usar maquiagem. Loira natural, eu quase não possuo cílios e sobrancelhas; por isso, essa decisão teve sérias implicações em minha aparência! Ao rever fotografias antigas, vejo uma garota pálida e desbotada, mas me sentia devota e agradável aos olhos de Deus. Depois, decidi que fazer as unhas era algo carnal e um desperdício de dinheiro, e parei de pintá-las. Em seguida, veio a firme decisão de jamais usar maiô em público novamente. Chega de bermudas. Chega de joias. E para provar quão profunda era minha espiritualidade, acordava às 4 da manhã para orar. Todo mundo sabe que mulheres que acordam às 4 da manhã para orar são muito mais espirituais que as que acordam às 7, certo?

Mas eis a parte triste. Em vez de produzir alegria em minha vida, essas regras autoinfligidas geraram um potente caso de autorretidão. Eu avistava uma garota com bermudas na faculdade cristã e pensava: "Veja aquele menina de bermuda. Aposto que ela acorda às 7 para orar! Categoria peso leve!".

Meu esforço de guardar regras produziu também o medo de que eu jamais fosse capaz de fazer o suficiente para agradar a Deus. Afinal, cada grupo com quem eu saía possuía um conjunto diferente de regras. Como eu ia descobrir todas as regras *corretas?* Achava que, se fizesse as coisas certas da maneira certa, Deus me amaria mais. Ao focar-me nas regras, perdi completamente o relacionamento de vista.

Talvez para você uma regra não seja nada mais que algo a ser quebrado, e superar o rígido esquema de seguir regras parece moleza. Não entendo esse ponto de vista — continua desafiador para mim às vezes porque ainda sou uma convicta seguidora de regras! Eu gosto de regras — elas me mantêm segura e tornam a vida administrável. Bem, devo esclarecer. Gosto das regras que *eu* faço, não das regras de outra pessoa. *Minhas* regras fazem sentido. As suas talvez não façam. Ah, que hipócrita eu posso ser! Mas Deus nos dá o livro inteiro de Gálatas para ensinar-nos que regras por si só não são capazes de nos dar alegria.

Gálatas 3.12 diz que o ato de guardar regras nunca pretendeu ser um caminho para o relacionamento com Deus: "A observância das regras jamais chegará à vida de fé. A pessoa apenas perpetuará o hábito de guardar regras" (AM). O versículo 22 diz: "Pois, se observar regras pudesse trazer vida para nós, nós já a teríamos obtido" (AM). Existe algo mais claro? Regras não produzem vida. Elas não produzem alegria. Relacionamentos, sim.

Efésios 1.4-7 nos diz como esse relacionamento com Deus ocorre.

> Porque Deus nos escolheu nele antes da criação do mundo, para sermos santos e irrepreensíveis em sua presença. Em amor nos predestinou para sermos adotados como filhos, por meio de Jesus Cristo, conforme o bom propósito da sua vontade, para o louvor da sua gloriosa graça, a qual nos deu gratuitamente no Amado. Nele temos a redenção por meio de seu sangue, o perdão dos pecados, de acordo com as riquezas da graça de Deus.

Quando me converti, Deus me pôs "nele", e agora sou completamente aceitável. Esse conceito é tão importante que a expressão "em Cristo" é usada várias vezes em Efésios 1. Deus quer esclarecer que seguir regras não é a chave para o relacionamento; estar "em Cristo" sim.

Foi difícil entender o fato de que Deus me aceita, até que um dia descobri uma ilustração que realmente me impactou.

Gostaria que você fizesse uma pausa na leitura e reservasse dois minutos para realizar este exercício, de modo que capte o impacto pleno da doce verdade acerca de sua aceitação por Deus.

Pegue um pequeno pedaço de papel — qualquer um serve. Amasse-o e depois o desdobre. Borre-o com batom, tinta ou terra. Rasgue as pontas em diversos lugares. Você deve ficar com um pedaço de papel bem bagunçado nas mãos!

Este papel representa sua vida antes de você vir a Jesus Cristo — bem bagunçada e de pouco valor. As fissuras, os rasgos e os borrões representam os erros que você cometeu. Aposto que você tem a esperança (assim como eu) de que só Deus conheça alguns desses erros. Todas nós temos vergonha de algumas escolhas que fizemos na vida, algumas atividades de que participamos e palavras que dissemos.

Agora, pegue esse pedaço de papel rasgado e coloque-o dentro deste livro — em qualquer página — e, em seguida, feche-o com força. Segure o livro nas mãos e veja se é capaz de dizer onde o pedaço de papel está. Vire o livro em diferentes direções. Se o papel for pequeno o suficiente, você não deve ser capaz de vê-lo. O papel está no — *em o* — livro, e, se você não soubesse de nada, nem imaginaria que o livro contém um pequeno pedaço de papel, rasgado e sujo.

Isto, minhas irmãs, é o que Deus faz por nós quando levamos até ele nossa alma esfarrapada para nos salvar: ele nos pega e nos coloca "em" Jesus Cristo. Estamos agora "em Cristo", e quando Deus olha para nós — mesmo que ele se vire em todas as direções possíveis — tudo o que ele pode ver é a retidão perfeita de seu Filho amado, Jesus. Assim como este livro cobriu fisicamente seu pedaço de papel, envolvendo-o nas páginas limpas, Jesus cobriu espiritualmente sua alma confusa e pecaminosa, envolvendo-a na "retidão" pura, limpa e impecável que o caracteriza. Você é aceita em Cristo.

Como aponta C. S. Lewis, "Cristo morreu pelos homens precisamente porque os homens não são dignos de que se morra por eles; para torná-los dignos".[1] Em Cristo, Deus nunca a amará mais do que a ama neste momento, e nunca a amará menos. A aceitação dele baseia-se não em seu desempenho, mas na perfeição de Cristo, que nunca muda.

Uma vez que seres humanos que supostamente deveriam nos amar nem sempre fazem um trabalho muito bom, nós projetamos esse inadequado amor humano em Deus. Se pudéssemos alguma vez compreender a profundidade do amor divino por nós, a maneira como enxergamos Deus mudaria para sempre, bem como os planos que ele tem por nós e o modo como enxergamos a nós mesmas.

A verdade é que o amor humano se cansa, sofre desgaste e pode se esvair no cotidiano da vida conjunta ao longo do tempo. Hesitamos em "incomodar" a família e os amigos com nossas preocupações ou ansiedades, com medo de esgotar-lhes a receptividade. Quando as pessoas mais próximas nos suportam por diversas vezes durante momentos de fraqueza, somos tentadas a acreditar que nos tornamos um peso para elas.

Para Deus, porém, nunca somos um incômodo ou um peso; somos seus amados. Tal expressão de cuidado terno, rica de significado, fala aos anseios mais profundos de nosso coração. Ser amado por Deus significa que somos queridos, estimados, valorizados e desejados. Ele não tolera você; ele a ama!

Como sabemos que é assim que ele se sente a nosso respeito? O Livro da Alegria o diz. Deus chama Jesus de seu Filho amado (Mt 3.17), e Efésios 1 diz que estou espiritualmente *em* Jesus

Cristo; isso significa que, se Jesus é o amado de Deus, então eu também sou.

> Deus fez isso para trazer glória a si mesmo por causa da sua maravilhosa graça, e Ele nos deu gratuitamente essa graça no seu amado Filho.
>
> Efésios 1.6, VFL

Muitos versículos confirmam que somos os amados de Deus; eis aqui mais dois:

> Portanto, como povo escolhido de Deus, santo e amado...
>
> Colossenses 3.12

> Mas nós devemos sempre dar graças a Deus por vocês, irmãos amados pelo Senhor, porque desde o princípio Deus os escolheu para serem salvos mediante a obra santificadora do Espírito e a fé na verdade.
>
> 2Tessalonicenses 2.13

Se você alguma vez se perguntou se Deus *realmente* a ama, essa verdade espiritual deveria colocar a dúvida para dormir. Como diz Efésios 1, nós fomos adotados na própria família de Deus. Esta é a prova mais significativa de que ele está loucamente apaixonado por você: ele tem *grande prazer* em incluí-la na família dele! Não é maravilhoso ver o amor de Deus por você em sua Palavra? O coração de Deus bate de alegria ao pensar em você!

Agora sei que Deus está me dizendo: "Eu a amo não por algo que você tenha feito, não por algum valor que você tenha, não porque você guardou com rigidez todas as regras, não porque você era a garota que não usava bermudas na faculdade. Eu a amo porque coloquei meu amor sobre você". Isso é graça. Isso é aceitação. Escolher acreditar na graça e na aceitação de Deus cultiva a alegria nos lugares mais delicados da minha alma e me prepara para confiar nele em relação ao futuro.

CONFIE EM DEUS EM RELAÇÃO AO FUTURO

Quando essa pequena muda de alegria começar a crescer dentro de nós, ela será exposta ao teste potencialmente tóxico da preocupação. Nada mata a alegria mais rápido que a preocupação. Algumas de vocês são preocupadas prodigiosas — elevaram a preocupação a uma forma de arte. Quando não estão se preocupando com finanças, trabalho, casamento, filhos ou saúde, preocupam-se com algo nada específico, apenas para não parar de se preocupar. Poderiam ganhar dinheiro preocupando-se no lugar de outras pessoas!

Lembre-se de nossa definição de alegria: alegria é a firme certeza de que Deus está no controle de todos os detalhes da vida, a serena confiança de que no final tudo vai dar certo, e a obstinada escolha de louvar a Deus em todas as coisas.

Consegue visualizar como a confiança e a alegria estão relacionadas? Quando a confiança em Deus cresce, a alegria tem igualmente a liberdade de crescer. Não podemos ter alegria e preocupação ao mesmo tempo.

> Não podemos ter alegria e preocupação ao mesmo tempo.

Uma amiga sábia me disse certa vez: "Ao se preocupar, você não confia. E ao confiar, você não se preocupa".

Deus deseja que o contemplemos com confiança, com um olhar firme e fixo, e só olhemos de relance para nossos problemas. Meu padrão tem sido olhar fixamente para meus problemas e só ver Deus de relance. Na vida, quando acontece algo que me causa preocupação, a tentação é a de concentrar toda a minha energia e atenção no problema. Não consigo parar de pensar na situação que me causa ansiedade, e isso pode ofuscar todos os outros aspectos da vida — marido, emprego, ministério, saúde. Vejo a mim mesma *contemplando* o problema.

Gostaria de dizer que a energia que invisto em contemplar meus problemas é produtiva — isto é, que me aparecem soluções ou estratégias —, mas infelizmente, muitas vezes experimentei uma repetição sem fim dos mesmos pensamentos que tive no dia anterior. E mesmo quando converso com Deus sobre o problema — o que, em essência, ainda é contemplar o problema —, meu foco ainda está no problema em si. Contudo, estou falando ao Deus do mar Vermelho, que tem a capacidade de solucionar a dificuldade ou dar-me força para encará-la se eu voltar minha atenção para ele.

Uma parte fundamental de expressar confiança em Deus é aprender a contemplá-lo e só ver os problemas de relance. Ao fazermos o inverso, ou seja, enfocar o problema e só ver Deus de relance, a alegria não firma raiz em nosso coração, pois estamos concentrados demais em nós mesmas. Como afirma a Bíblia em 1Pedro 5.7, "Lancem sobre ele toda a sua ansiedade, porque ele tem cuidado de vocês". Falta de confiança sufoca a alegria.

A Palavra também diz:

> "Orientem sua vida de acordo com a realidade, a iniciativa e a provisão de Deus. Não se preocupem com as perdas, e descobrirão que todas as suas necessidades serão satisfeitas. Prestem atenção apenas no que Deus está fazendo agora e não se preocupem quanto ao que pode ou não acontecer amanhã.

124   ESCOLHA A ALEGRIA

Quando depararem com uma situação difícil, Deus estará lá
para ajudá-los."

Mateus 6.33-34, AM

Outra versão traz: "Não se preocupem com o dia de amanhã,
pois o dia de amanhã trará suas próprias preocupações. Para cada
dia bastam os seus próprios problemas" (v. 34, VFL).

Se há alguma passagem da Bíblia a ser colocada no espelho
do banheiro, é essa. Preciso escrevê-la na mão, a fim de que a
possa ler sempre! Talvez até faça uma tatuagem: "Para cada dia
bastam os seus próprios problemas!".

Sarah Young, autora do livro *O chamado de Jesus*, meditou nas
Escrituras e escreveu um devocional diário do ponto de vista de
Jesus a seus seguidores. Esta é sua interpretação do que a Bíblia
diz em Deuteronômio 29.29 e Salmos 32.8 sobre preocupar-se:

> Estou conduzindo você passo a passo, por toda a vida. Segure
> minha mão em dependência confiante; permita-me guiá-lo ao
> longo deste dia. Seu futuro parece incerto e frágil, até mesmo
> precário. É assim que deve ser. As coisas secretas pertencem
> ao Senhor, e as coisas futuras são coisas secretas. Ao tentar
> descobrir o futuro, você se aferra a coisas que são minhas. Isto,
> como todas as formas de preocupação, é um ato de rebeldia:
> duvidar das minhas promessas de cuidar de você. Sempre que
> se encontrar preocupado com o futuro, arrependa-se e volte-se
> a mim. Eu lhe mostrarei o próximo passo, e o passo seguinte.
> E o passo após aquele. Relaxe e desfrute a jornada em minha
> presença, confiando em mim para abrir o caminho adiante
> enquanto você passa.[2]

Fiquei em choque quando ponderei sobre a afirmação de que
preocupar-se — duvidar das promessas de Deus de cuidar de

mim — é uma forma de rebeldia. Não quero viver em rebeldia contra Deus, nem mesmo da maneira mais sutil, você quer? Mas faz sentido. Por repetidas vezes Deus prometeu cuidar de nós, assegurando-nos de que ele conhece nossas necessidades antes mesmo de pedirmos. Nós somos os seus amados! Quando nos recusamos a crer nele — como evidenciam nossas dores de cabeça, unhas roídas, irritabilidade, dores estomacais e noites em claro — estamos dizendo: "Sei que tu estiveste presente no passado, mas e agora? Não tenho certeza de que posso contar contigo, Deus; acho melhor resolver isto aqui por conta própria". E isso, minhas irmãs, é uma completa falta de confiança, o que, por sua vez, é uma forma silenciosa de rebeldia.

Muitos anos atrás, Rick e eu fizemos nossa primeira viagem internacional sem as crianças, que eram muito novas na época. Como você sabe, não gosto de voar. Naquele tempo, eu odiava. Semanas antes de partirmos, comecei a pensar na viagem de avião que me manteria longe de meus filhos durante dez dias. Todas as noites eu suava frio, acordada, imaginando todos os cenários terríveis que aconteceriam enquanto eu não estivesse ali para controlar as coisas.

Para começar, estava convencida de que Rick e eu íamos morrer num acidente de avião. A segunda coisa a acontecer era que meus filhos morreriam ou ficariam seriamente feridos, mesmo que os avós fossem muitíssimo responsáveis. Eu tinha a preocupação de que a casa pegaria fogo. Para coroar os medos incontroláveis, fantasiei os membros de nossa igreja se mobilizando atrás de algum outro pastor e nos expulsando da Igreja de Saddleback. Estava louca de ansiedade.

Disse repetidas vezes a Rick: "Estou assustada. E se morrermos? E se as crianças morrerem? E se a casa pegar fogo? E se

126 ESCOLHA A ALEGRIA

você perder o emprego?". Com paciência, mas firmemente, ele me disse que tudo ficaria bem. "Mas você não tem como saber disso com certeza!", eu disse entre lágrimas. "Você tem uma bola de cristal que lhe diz que não vamos sofrer um acidente? Acaso Deus enviou um *e-mail* dizendo que as crianças vão ficar bem e que a casa vai ficar bem e que seu emprego vai ficar bem?"

Minha ansiedade atingiu um nível tão ruim que me restaram duas opções: cancelar a viagem ou fazer algo a respeito. Finalmente percebi que precisava ter uma conversa séria com Deus.

Fui até as Escrituras. Enquanto lia, deparei com a história do anjo Gabriel dizendo a Maria, a mãe de Jesus, que ela ia conceber o Messias. Maria deve ter ficado absolutamente aterrorizada com todos os "e se?" que lhe encheram a mente. Porém, qual foi sua resposta? De imediato — e não depois de semanas de choro e reclamação — ela disse: "Sou serva do Senhor; que aconteça comigo conforme a tua palavra" (Lc 1.38).

Pensei: "É isso aí. Deus, não acredito que seja a tua vontade que eu cancele esta viagem só porque estou com medo. Confio em ti. Não conheço o futuro. Não posso adivinhá-lo. Mas Deus, creio que tu és suficiente para mim hoje, e serás suficiente para mim amanhã e depois de amanhã. Faze com que minha postura seja a mesma de Maria. Faze-me chegar a um lugar de paz".

Sem querer, eu havia entregado meu coração aos deuses menores do medo, da ansiedade, da preocupação e da depressão. Confiar que Deus estava no controle de todos os detalhes de minha vida me levou a uma paz confiante, firme, mas não o tipo de paz que você pode estar imaginando. O lugar de paz ao qual cheguei não era uma reafirmação de que eu não

> Estarei bem não importa o que aconteça, pois Deus está comigo e ele será suficiente.

morreria. Não tinha nada a ver com meus filhos, minha casa ou o emprego de Rick. Minha paz era esta: "Mesmo que *algo* não esteja bem, *eu* estarei bem. Estarei bem não importa o que aconteça, pois Deus está comigo e ele será suficiente". Esse é o tipo de confiança serena de que estive falando — confiança de que Deus nos ajuda a passar por qualquer coisa.

Deus trabalha para criar esse tipo de paz dentro de nós dia após dia. Ao depararmos com as coisas que nos assustam, estamos no melhor lugar para desenvolver paz e alegria. É nessas ocasiões que temos a oportunidade de dizer a Deus: "Eu sou tua. Que aconteça comigo conforme a tua palavra".

Equilibre a vida

Muitas de nós passamos os dias com a sensação de que somos empurradas pelas exigências quase impossíveis da vida. Mais de dois mil anos antes dos *e-mails*, das redes sociais, dos celulares e das caronas solidárias, o filósofo grego Sócrates disse: "Cuidado com a esterilidade da vida ocupada". A alegria murcha quando estamos ocupados demais. Com muita frequência, superestimamos a quantidade de tempo disponível para realizar uma tarefa e subestimamos a quantidade de tempo que de fato será necessário para realizá-la. Acabamos escravos de compromissos que fizemos, dizendo sim a todas as coisas erradas, deixando-nos sem tempo ou energia para dizer sim às pessoas mais próximas.

Quando nossos filhos ou netos pedem para brincar, não podemos, pois temos muito a fazer. Quando nosso marido nos dão aquele olhar, dizemos não, pois estamos cansadas demais. Quando uma amiga precisa de um ouvido atento, estamos distraídas, pois temos de voltar ao escritório. Quando sentimos um impulso para orar a respeito de algo que ouvimos na igreja aquela manhã, esquecemos disso no trajeto até o supermercado. Nós nos entregamos a atividades que parecem importantes e deixamos as pessoas mais próximas ansiosas por relacionamento.

Estou convencida de que a maioria de nós é terrivelmente mentirosa quando se trata do excesso de atividades — mas acabamos mentindo a nós mesmas. Nossa habilidade de autoengano é monumental! Quando dizemos: "É só uma fase agitada" ou "É só por um tempo; não vou viver assim para sempre", nos iludimos, pensando que esse ritmo frenético é apenas uma condição temporária — e não o novo sentido para a palavra "normal".

Como diz Annie Dillard de maneira tão sucinta: "O modo como passamos os dias é, naturalmente, o modo como passamos a vida. O que fazemos com esta hora, e a hora seguinte, é o que estamos fazendo da vida".[3] Sim, existem fases incomuns de excesso de atividades, mas é bem fácil permitir que uma fase se torne um padrão. O que se torna um padrão se torna um estilo de vida. E um estilo de vida agitado nos rouba a alegria.

Em Salmos 127.2, lemos: "Será inútil trabalhar de sol a sol, acordar de madrugada e dormir a altas horas da noite, comer o pão amassado com o suor do rosto, pois o SENHOR dá o sustento aos seus amados, mesmo enquanto estão dormindo" (NBV). Não entendo totalmente esse versículo, porque eu ainda não chegou o dia em que acordei de manhã e descobri que tudo foi feito enquanto eu dormia! Mas sei que a ideia é que é autodestrutivo trabalhar dia e noite, sob pressão — por pensarmos que, se algo não for feito, tudo vai desmoronar — e então cairmos na cama tão exaustos que não conseguimos dormir. A vida agitada enche uma agenda, mas fratura uma família. Ela nos rouba a alegria.

O antídoto para a correria é o equilíbrio. O caminho para encontrar o equilíbrio se inicia com uma conversa honesta com Deus. Pergunte-lhe: "Deus, por que estou ocupada? O que essa correria significa em minha vida? O que ela significa em meu relacionamento contigo? Por que sou tão compulsiva? Por que essas tarefas são mais importantes para mim do que as pessoas e os relacionamentos? O que essa agitação toda representa?". E Deus lhe mostrará.

Depois de ter uma conversa íntima e franca com Deus sobre a razão por que você é tão compulsiva, reconheça a brevidade da vida e reduza o ritmo. Minha amiga Lynnda, que se move lenta e graciosamente por sua vida plena, me disse:

> Agradeço pelos rostos que se juntam a nós ao redor da mesa da vida diária — sejam de familiares, vizinhos ou amigos. Nossa vida está cheia até a borda e transborda de riqueza de relacionamentos; o vínculo do amor que surge do ato de caminhar na estrada da fé com determinação, a fim de viver uma vida profunda em vez de rápida. Paz em vez de rotina exaustiva.

Lynnda entende as verdades de Tiago 4.14: "Como é que sabem o que vai acontecer amanhã? A duração das suas vidas é tão incerta quanto a neblina do amanhecer; que aparece por um pouco de tempo agora, mas logo desaparece" (NBV), e Jó 7.7: "Minha vida é breve como um sopro" (NBV). Esses versículos nos ensinam que tempo é vida, e a vida é curta. Alguns podem concluir que a brevidade da vida exige que nos movamos ainda mais rápido em resposta, para garantir que nos fartaremos de tudo antes de morrer. Mas Lynnda concluiu que, *por causa* da brevidade vida, cada fase deve ser saboreada lentamente, realmente desfrutada.

É claro, cada estágio da vida tem suas limitações, bem como oportunidades singulares, quer você tenha crianças em casa, viva num ninho vazio, trabalhe em tempo integral, ou tenha preocupações de saúde relacionadas à idade. Entretanto, passamos pela vida agindo como se ela fosse imutável. Eclesiastes 3.1 diz: "Para tudo há uma ocasião certa; há um tempo certo para cada propósito debaixo do céu". Na verdade, precisamos ajustar continuamente nossa agenda e nossas prioridades com base no estágio em que estamos. Parte de viver em equilíbrio é saber em qual fase da vida você se encontra e ajustar-se a ela.

Meus filmes prediletos de todos os tempos são os da trilogia *O Senhor dos Anéis* — adoro a pompa, o heroísmo, os grandes temas do bem contra o mal e a sabedoria de um dos personagens principais, Gandalf, o Cinzento. Quando outro personagem se queixa, dizendo preferir que os momentos ruins não tivessem chegado, Gandalf responde com as seguintes palavras: "Como todos os que vivem nestes tempos. Mas isso não cabe a nós decidir. Tudo o que temos de decidir é o que fazer com o tempo que nos é dado".[4]

No final da vida, você estará satisfeita com as decisões que tomou acerca do tempo que lhe foi dado? Ainda mais importante: Deus estará satisfeito? A chave é ceder diariamente a ele o controle de nosso breve intervalo de tempo, tendo em mente que a profundidade, e não a velocidade, é a verdadeira medida de uma vida equilibrada.

Salmos 31.15, "De hora em hora, entrego meus dias em tuas mãos" (AM), é um versículo que manterá você centrada e focada no uso sábio de seu tempo em meio a calendários, listas de afazeres e prazos, cultivando, assim, a alegria em sua alma.

PRATIQUE A ACEITAÇÃO

Outra confissão: sou perfeccionista. Não é algo de que me orgulho, mas brinco dizendo que sou membro de carteirinha do Clube de Perfeccionistas dos Estados Unidos. Espero perfeição de mim e dos outros, e do mundo em que vivo — o que significa que estou sempre a caminho da decepção.

Quero que meu cabelo pareça arrumado, contudo, ele nunca fica da mesma maneira duas vezes. Sigo com precisão as instruções do fabricante para lavar a camisa nova, e ela encolhe na primeira vez que a lavo. Vou à igreja e vejo um erro de digitação na letra da música no telão. E fico muito irritada porque as coisas não estão... bem... *perfeitas*.

Sou conhecida por perguntar em voz alta: "Por que a perfeição é tão difícil?". É de se espantar que eu receba algumas sobrancelhas levantadas em contrapartida? A resposta para minha questão é simples. Perfeição não é difícil. É *impossível*. É impossível em razão do que aconteceu em Gênesis 3. Quando Adão e Eva decidiram comer do fruto daquela árvore a fim de que pudessem ser como Deus, eles desencadearam uma maldição sobre o mundo. O mundo não entende essa maldição. Eles a chamam de Lei de Murphy: se algo pode dar errado, com certeza dará. Acham bonito e esperto dizer isso, mas, na verdade, é Gênesis 3 em ação.

O perfeccionismo tem suas raízes firmadas não somente em Gênesis 3, mas também no ambiente em que crescemos. Com frequência, um pai ou um parente difícil de agradar, ou um professor ou treinador altamente respeitado, podem causar sérios danos em nosso senso de desenvolvimento, levando-nos a carregar a "voz" deles em nossa mente como um crítico interno.

E você? Será que seu desejo por perfeição interfere de modo significativo em sua tarefa ou capacidade de realizar metas? Será que esse desejo se intromete no desenvolvimento de relacionamentos profundos? O alcance do perfeccionismo se estende a transtornos alimentares e distúrbios de ansiedade. Você já percebeu que perseguir a perfeição lhe rouba a alegria e a paz? Richard Carlson escreveu:

> Ainda estou para encontrar um perfeccionista absoluto cuja vida seja plena de paz interior. A busca da perfeição e o desejo da tranquilidade interior são conflitantes.[5]

Que alívio foi perceber, há alguns anos, que meu desejo por perfeição por si só não é errado. Afinal, fomos criados para isso! Fomos criados para corpos perfeitos. Fomos criados para relacionamentos perfeitos. Fomos criados para mentes perfeitas. Fomos criados para viver eternamente. Algo dentro de nós clama pelo que se perdeu; por isso continuamos a buscá-lo, continuamos a tentar encontrar a perfeição pela qual nossa alma anseia.

Portanto, não é errado ansiar por perfeição; só é errado esperar por ela na terra. A perfeição não está aqui. Há de fato *alguma coisa* errada com *todas as coisas*. Não sou só eu, uma pessoa do tipo Bisonho, falando. É o reconhecimento de que vivemos sob a maldição. A perfeição só virá quando Deus criar o novo céu e a nova terra e o paraíso for restaurado. O paraíso se perdeu em Gênesis 3. Mas em Apocalipse 21, ele é restaurado. Deus nos diz que "enxugará dos seus olhos toda lágrima. Não haverá mais morte, nem tristeza, nem choro, nem dor. [...] 'Estou fazendo novas todas as coisas!'" (Ap 21.4-5).

> Portanto, não é errado ansiar por perfeição; só é errado esperar por ela na terra.

Isso significa não viver mais sob a maldição. Significa cabelos que sempre ficam de modo adequado. Letras de canções sem erros de digitação. Conversas sem mal-entendidos. Não mais relacionamentos que azedam. Não mais enfermidades mentais. Não mais corpos que não funcionam direito. Não mais câncer. Tudo que foi quebrado será restaurado. Essa é uma razão para a alegria.

O antídoto para o perfeccionismo é a aceitação — aceitação de nossas imperfeições terrenas, uma vez que estamos focados no dia em que a imperfeição não mais existirá. Se tentar experimentar a perfeição aqui na terra, eu sempre me decepcionarei. Se eu continuar à procura de perfeição dentro de mim, matarei minha alegria interna. Você e eu precisamos demitir nosso crítico interior! Quando me aceito como sou, e não como eu gostaria de ser, quando aceito os que me cercam como eles são, e não como eu gostaria que fossem, quando aceito o mundo como ele é, e não como eu gostaria que fosse, minha alegria hoje, bem como minha esperança pelo amanhã, podem crescer.

Lutando pela alegria

No início desta seção, perguntei quanto você deseja experimentar alegria em sua vida e se você está disposta a lutar por ela. Para que a alegria se torne realidade, você deve lutar contra as atitudes de legalismo, preocupação, compulsão pelo trabalho e perfeccionismo, e, em vez disso tudo, cultivar graça, confiança, equilíbrio e aceitação. A alegria não virá sem luta — nada que valha a pena vem. Assim que você e eu formos hábeis em cultivar alegria em nós mesmas, encontraremos prazer em cultivá-la também nos outros.

Oração

Pai, é alarmante ver como tenho permitido que a crítica, o perfeccionismo, a ansiedade, a dúvida e o excesso de ocupações permaneçam enraizados em meu coração e afastem a alegria. Deus, que, em vez disso, eu possa me tornar uma mulher de graça e confiança, uma mulher que reflete tua alegria para outros verem. É impossível fazer isso sozinha. Deus, vem até meu interior e faze tua obra. Muda-me para eu que me torne uma mulher de alegria. Em nome de Jesus eu oro, amém.

Para reflexão e aplicação

1. De que formas você mata a alegria em si mesma?
2. Escolha um caminho — graça, confiança, equilíbrio, aceitação — e peça a Deus para ajudá-la a focar-se no desenvolvimento dessa reação alegre em sua vida durante a semana.

8 Cultivando a alegria nos outros

O que acontece quando vivemos no caminho de Deus? Deus faz surgir dons em nós, como frutas que nascem num pomar: afeição pelos outros, uma vida cheia de exuberância, serenidade, disposição de comemorar a vida, um senso de compaixão no íntimo e a convicção de que há algo de sagrado em toda a criação e nas pessoas. Nós nos entregamos de coração a compromissos que importam.

Gálatas 5.22, AM

Há mais fome de aceitação e amor neste mundo do que de pão.

Madre Teresa de Calcutá

Rick e eu tivemos brigas terríveis em nossos primeiros anos de casamento, que começaram logo de cara — na lua de mel. Houve uma variedade de razões, mas um incidente infeliz criou uma ferida enorme. Estávamos dirigindo por Vancouver, no Canadá, quando Rick olhou para mim e disse de maneira bastante doce e tímida:

— Tenho uma ideia. Acho que a gente poderia escrever um livro juntos, no qual registrássemos todas as coisas especiais que acontecem conosco em nossos anos de casamento. Os lugares especiais que visitamos. Eventos especiais. Talvez algumas fotografias. Assim, quando formos um casal de velhinhos sentados na varanda em nossas cadeiras de balanço, poderemos olhar para trás e ver que tivemos uma vida ótima juntos.

Não sei por quê, mas meu humor estava terrível nesse dia, e respondi:

— Acho uma péssima ideia!

O rosto dele enrugou de decepção e constrangimento. Não me lembro do que aconteceu em seguida — talvez a vergonha que eu ainda sinto por destruir a oferta de amor de meu marido tenha anulado minha memória — mas eu o havia esmagado! Ele oferecera algo tão atencioso, tão raro num homem, e eu peguei aquilo e joguei no chão. Foi um momento de maldade pura.

Levou vinte anos, mas Rick deu seu troco!

Certo Natal, decidi que Rick precisava de uma churrasqueira nova. Repare que eu disse "decidi". Tínhamos uma churrasqueira tão destruída que só Rick conseguia acendê-la sem incinerar a si mesmo. Pensei: "Não posso nem mandar as crianças acendê-la antes de Rick chegar em casa, porque elas podem morrer queimadas!".

Havia uma loja que estava encerrando suas atividades, então fui até lá e comprei uma linda e potente churrasqueira para ele. Não era apenas uma churrasqueira incrível, com um monte de engenhocas, mas também era barata! Eu estava toda entusiasmada por saber que havia um presente superespecial para meu marido naquele Natal. Deixei a churrasqueira na garagem, com um lençol por cima, até a grande revelação na manhã seguinte.

No dia de Natal, a família toda compareceu e a casa estava cheia de gente. Todo mundo sabia que eu tinha um presente especial para Rick. Então, no finalzinho da troca de presentes, todos foram até a garagem. Alguém tinha uma câmera de vídeo pronta para registrar a alegria que ele ia sentir. Eu mal podia esperar pelo olhar de Rick ao erguer o lençol e ver a churrasqueira.

— O que é isto? — ele perguntou, levantando o lençol.

— É uma churrasqueira! — respondi, com entusiasmo forçado e um leve tom de desespero, vagamente consciente de que o "grande" momento estava prestes a acabar em desastre.

Ele deu uma olhada e disse:

— Não preciso de uma churrasqueira.

E minhas esperanças e sonhos natalinos desabaram.

Apenas para que você não seja tão severa ao julgar Rick, devo lhe contar que, durante meses, ele havia dado dicas sobre ganhar uma assinatura de televisão por satélite. Estava superempolgado, prevendo que a enorme caixa debaixo do lençol continha uma antena parabólica. Quando ergueu o lençol e viu a churrasqueira, ela não causou o efeito esperado. Quase não consegui caminhar até o quarto, onde, aos soluços, caí no travesseiro e disse todo tipo de ofensas a respeito dele. Fui humilhada na frente de todo mundo e fiquei muito decepcionada. Meu presente não somente fora rejeitado, como também tive de ficar com aquela churrasqueira estúpida, já que a loja havia fechado as portas! (Meu sogro, o pai de Rick, foi muito gentil. Ele disse: "Sabe, eu estava mesmo precisando de uma churrasqueira nova". E comprou-a de mim naquele dia; ela ficou inutilizada no quintal de sua casa até ele morrer, dois anos depois.)

Apenas para que você saiba o fim da história, não fomos parar num tribunal de divórcio no dia seguinte. Tivemos uma *longa* conversa que incluiu lágrimas, abraços e reconciliação. A experiência foi realmente estranha e dolorosa na época, mas se tornou uma lenda familiar. A história "A Churrasqueira de Natal" nunca deixa de provocar resmungos, risos e muitos gracejos.

Como vimos no capítulo anterior, cada uma de nós possui hábitos — como o legalismo, a preocupação, o excesso de atividades e o perfeccionismo — que, em vez de cultivar a alegria em nosso interior, na verdade matam a alegria em nós. Ao que parece, queremos partilhar a infelicidade com as outras pessoas, porque, em vez de cultivar alegria nos outros, costumamos matar a alegria que Deus quer que elas experimentem. Eu matei a alegria em Rick; ele matou a alegria em mim. Não quero mais fazer isso. Aposto que você também não.

Um filósofo antigo, Fílon de Alexandria, disse: "Seja bondoso. Toda pessoa com quem você depara está enfrentando uma difícil batalha". Como suas interações diárias mudariam se você visualizasse as pessoas através de lentes como essas? Se você soubesse que todas as pessoas com quem depara — familiares, amigos, colegas de trabalho, vizinhos, desconhecidos — possuem uma tristeza escondida, isso não alteraria sua atitude em relação a elas? E se você enxergasse o cultivo da alegria alheia como um de seus propósitos prioritários na vida? Em sua opinião, isso afetaria o nível de alegria que *você* experimenta?

Vejamos quatro maneiras pelas quais podemos participar do cultivo de alegria nas pessoas que nos cercam — em outras palavras, maneiras de convidar outros a experimentar a alegria que nós descobrimos.

Pense o melhor dos outros

Em nossa cultura, o cinismo é desmedido. Nós nos acostumamos com o atleta profissional quebrador de recordes que, descobre-se, usava drogas para melhorar o desempenho. Acostumamo-nos com o político que se levanta em prol dos valores da família e visita prostitutas, ou com o respeitado líder de uma comunidade que é pego enchendo o bolso de dinheiro. Estamos habituados a esperar que as pessoas não sejam o que dizem ser e que sempre possuam uma motivação oculta.

O humor sarcástico e cínico impera nos programas de televisão; quanto mais baixaria, melhor. É engraçado na TV, mas devastador na vida real.

Talvez parte de nosso cinismo venha de saber que não somos sempre totalmente honestos a respeito de *nossas* motivações. Não raro, manipulamos uma situação em nosso favor também. Em consequência disso, não somente presumimos o pior nas outras pessoas, mas também agimos como se conhecêssemos as motivações por trás de tudo o que elas fazem.

Paulo diz em 1Coríntios 13.7: "O amor tudo sofre, sempre crê, sempre espera o melhor, tudo suporta" (NVB).

Entendeu a mensagem? Sempre espere o melhor, não o pior. Que reação agradável é acreditar nas outras pessoas em vez de sempre procurar nelas uma motivação oculta! Se um colega de trabalho agendou uma reunião num dia em que você pretendia sair mais cedo, não presuma que ele a agendou apenas para irritá-la. Presuma que ele não percebeu que você ia sair e talvez esteja disposto a mudar o dia para que você possa participar. Se ouvir um rumor na igreja de que uma amiga criticou você, presuma o melhor naquela pessoa e tente descobrir a verdade em vez de assumir que o rumor é verdadeiro.

Presumir o melhor dos outros nos impede de atribuir motivações ao comportamento alheio. Estou partilhando com você alguns dos lemas de minha vida, e eis um dos melhores: "Nunca presuma nada sobre ninguém". Esse é um princípio da vida relacional, pois não podemos sequer descobrir nossos próprios motivos, muito menos os de outra pessoa!

No clássico livro de C. S. Lewis, *Cartas de um diabo a seu aprendiz*, um demônio sênior, Fitafuso, instrui um demônio júnior, Vermebile, sobre como causar divisão entre um filho e sua mãe, que vivem na mesma casa. Fitafuso incentiva Vermebile a tirar proveito dos comportamentos irritantes entre os dois moradores ao fazê-los pensar que a outra pessoa está *tentando* ser irritante.

"Quando dois humanos vivem juntos por muitos anos, é bem comum que cada um tenha um tom de voz ou uma expressão facial que sejam quase insuportáveis para o outro", escreve Fitafuso. A função do demônio é fazer que o filho presuma que a mãe *saiba* quão irritante é determinado hábito e que ela faça aquilo para irritar. "Se você souber trabalhar, ele nunca desconfiará da imensa improbabilidade de tal presunção".[1]

Presumir que alguém faz algo só para transtornar você ou porque ele ou ela não lhe dá valor é sempre perigoso para o relacionamento e para a alegria.

"O coração alegre é bom remédio para o corpo", lemos em Provérbios 17.22 (NVB). Se você quer dar a uma amiga uma boa dose de remédio, acredite que ela tem bons motivos. Acredite no que ela diz. Acredite que ela deseja o melhor para você também. Isso vai encher o coração dela de alegria.

Ofereça amor sem julgamentos

Se você é perfeccionista consigo mesma, provavelmente é alguém que critica outras pessoas. Essas duas posturas tendem a andar juntas. Uma vez que não é feliz consigo, não é feliz com os outros.

Algumas de nós nos sentimos no dever de apontar as imperfeições alheias. Em seguida, esperamos que as pessoas sejam gratas por isso, como se dissessem: "Oh, obrigada! Estava esperando sua opinião sobre a falha de hoje!". Ainda pior, apontamos as imperfeições de alguém a *outras* pessoas, caindo na armadilha da fofoca e do julgamento.

Quando criticamos alguém, isso tem muito mais a ver com nossa necessidade de criticar do que com as imperfeições ou diferenças alheias. E quando somos críticos de alguém, deixamos escapar a beleza que existe na pessoa e em nosso relacionamento com ela. Destruímos a delicada muda de alegria que está tentando firmar raízes no coração dessa pessoa. Em Romanos 2.1, lemos: "Cada vez que você critica alguém está se condenando. Você é tão errado quanto quem você critica. Criticar os outros é uma forma bem conhecida de ignorar os próprios crimes e erros" (AM).

Alguns anos atrás, Rick sentou-se comigo e disse algo que me fez ficar séria no mesmo instante. Ele disse:

— Kay, não acho que você goste de mim.

Eu disse:

— O quê? É claro que eu gosto de você! O que você quer dizer com essa história de eu não gostar de você?

Ele disse:

— Você sempre está pegando no meu pé. Você me critica se minha camisa está dobrada ou não. Fica me dizendo que cor tem de combinar com tal cor. Fala que meu cabelo está espetado, e então o penteia como se eu tivesse 6 anos de idade. Você me trata como uma criança. Não importa qual seja minha opinião, você tem algo a dizer a respeito. Você pega no meu pé o tempo todo.

Minha primeira resposta foi:

— De jeito nenhum! Eu não faço isso! Não me comporto assim.

E ele disse:

— Sim, você se comporta assim. Eu sei que você me ama, mas não estou certo de que ainda goste de mim.

142 ESCOLHA A ALEGRIA

Então, fui até o Senhor naquela noite e disse: "Deus, preciso de tua ajuda nesse ponto. Porque tenho a sensação de que ele está certo. E isso é bem triste e desagradável".

O Senhor me fez lembrar a seguinte imagem bíblica: "Mas se vocês se mordem e se devoram uns aos outros, cuidado para não se destruírem mutuamente" (Gl 5.15). Ele me deu um retrato de Rick como um recorte de papelão — e eu era a sra. Pac-Man. Eu ia atrás de Rick e arrancava um pedacinho dele. Devora, devora. Arrancava mais e mais pedacinhos dele. Percebi que, se continuasse a fazer aquilo, eu ia destruí-lo. Eu ia destruir o amor que havia entre nós. Eu ia matar nossa alegria por causa desse constante come, come, come!

Existe alguém em sua vida de quem você sempre pega no pé? Não estou falando de coisas grandes. Quero dizer pedacinhos, constantemente. A Bíblia diz em Lucas 6.37: "Não bombardeiem de críticas as pessoas quando elas cometem um erro, a menos que queiram receber o mesmo tratamento. Não pisem nos que estão por baixo: a situação pode se inverter. Tratem todos com bondade, e a vida será muito melhor" (AM). Será que as Escrituras têm de ser mais claras para percebermos que matamos a alegria quando não oferecemos amor sem julgamento?

Talvez você esteja pensando: "Eu pego no pé dela porque ela tem falhas e fraquezas enormes, e eu sei como ajudá-la!". É absurdo pensar que pegar no pé de alguém — ser excessivamente crítica e julgadora — fará essa pessoa mudar, mesmo que o façamos constantemente. É inútil, minhas amigas. Recentemente descobri este refrão implícito na famosa oração da serenidade de Reinhold Niebuhr: "Deus, concede-me a serenidade para aceitar as pessoas que não posso mudar, a coragem para mudar a única que posso, e a sabedoria para saber que tal pessoa sou eu".

Filipenses 4.8 diz: "Encham a mente de vocês com tudo o que é bom e merece elogios, isto é, tudo o que é verdadeiro, digno, correto, puro, agradável e decente" (NTLH).

Pense na pessoa mais próxima de você. Quanto dessa pessoa é bom, valoroso, aceitável e maravilhoso? Você poderia dizer: "Noventa por cento! Há somente dez por cento nela que me deixa louca". Ou você poderia dizer: "Meio a meio. Por vezes é difícil ver o que há de bom ali".

Ao aplicar esse trecho das Escrituras, o que você acha que precisa enfatizar em sua mente acerca dessa pessoa? Na parte que é irritante, frustrante, imatura e fraca? Ou na parte que é maravilhosa, digna de honra e elogio e respeito? Ao depositar toda a sua atenção na parte negativa, você está criando um relacionamento infeliz.

Não importa qual seja a porcentagem. O lugar em que você põe seu foco e energia determina o sucesso do relacionamento. Todos os nossos relacionamentos melhorariam 100% se aplicássemos isso, se puséssemos nosso foco no que é certo, no que é bom, no que é digno de respeito na outra pessoa. Sim, há fragilidades, imaturidades, coisas que precisam mudar. Mas se não focarmos primeiramente no que é bom, não experimentaremos alegria nesses relacionamentos.

Lembrem-se de que nada restaura a alegria no coração de outra pessoa mais rápido que as palavras: "Eu a aceito como você é".

TENHA EMPATIA COM O SENTIMENTO DOS OUTROS

Alguma vez você disse: "Está frio aqui", e a outra pessoa respondeu: "Não, não está"? Ou então disse a alguém: "Estou desanimada" e teve como resposta: "Não seja boba! Você não devia se sentir assim"? Você não estava atrás de uma palestra. Você estava à procura de um ouvido atento e de um pouco de gentileza.

Em vez de ter empatia com o sentimento da outra pessoa, muitas vezes minimizamos o sentimento alheio ou tentamos diagnosticar o que há de "errado" com ela. Da mesma forma que é difícil descobrir nossas próprias motivações, nem sempre conhecemos nossos próprios sentimentos. Porém, quando se trata de nossos familiares e amigos, somos especialistas em psicologia, dizendo-lhes o que estão pensando e sentindo — ou o que deveriam estar pensando e sentindo.

Provérbios 14.10 diz: "Cada coração conhece a sua própria amargura e você não pode repartir a sua alegria com estranhos" (NBV). Só Deus sabe o que outra pessoa pensa ou sente, e somos arrogantes quando presumimos que sabemos. Isso rouba a alegria alheia.

Em vez disso, precisamos ter empatia uns com os outros e ouvir os sentimentos das pessoas antes de começar a agir ou a distribuir conselhos. Jesus se comoveu com a tristeza, o sofrimento e a angústia daqueles a quem ministrou, e a Bíblia frequentemente comenta que seu coração se enchia de compaixão em resposta ao que ele via.

Em Lucas 7.11-17, Jesus encontra uma viúva cujo único filho acabou de morrer. A tristeza era despedaçadora, e o futuro, desolador, uma vez que, como viúva, ela agora estava completamente sozinha, sem filho nenhum para cuidar dela em sua velhice. Jesus podia ter encarado a mulher como mais uma pessoa ferida, ou mesmo acenado a mão a certa distância e trazido o filho de volta à vida. Mas o versículo 13 diz: "Quando viu a pobre mãe, cheio de compaixão, Jesus lhe disse: 'Não chore'" (AM). Ele sentiu o que ela sentia, entristeceu-se como ela se entristecia, e *só então* agiu e restaurou a vida do filho morto.

Nós lemos em 1Pedro 3.8: "Finalmente, todos vocês tenham o mesmo modo de pensar, estejam cheios de compaixão, amando-se uns aos outros, com corações ternos e humildes" (NBV).

Você mostra que ama alguém quando escuta essa pessoa e se junta a ela na celebração ou nas lágrimas, admitindo que não conhece o coração dela como Deus conhece. Você ajuda a restaurar alegria no coração dela quando lhe valida os sentimentos. Validar não significa aprovar o que alguém diz nem concordar com aquilo. Você pode estar ali pensando: "Isso é loucura! Nunca escutei nada tão bizarro!". Mas essas nunca devem ser as primeiras palavras a saírem de sua boca. Na verdade, se você é famosa por dizer aos outros exatamente o que pensa, não será de surpreender se cada vez menos pessoas buscarem você para organizar os próprios sentimentos — em vez de cultivar alegria nos outros, é possível que você esteja construindo uma reputação de assassina da alegria.

> Que dádiva damos uns aos outros quando recebemos nas mãos e no coração o sentimento de outra pessoa!

A validação diz apenas: "Eu ouço você. Ouço o que você diz; acolho seus sentimentos".

Que dádiva damos uns aos outros quando recebemos nas mãos e no coração o sentimento de outra pessoa! As pessoas estão morrendo de vontade de serem ouvidas. Elas estão morrendo de vontade de derramar o coração sem serem julgadas, sem ouvirem que são loucas, sem ouvirem que seus sentimentos não importam. Na Igreja de Saddleback, às vezes repetimos juntos, como congregação, a seguinte frase: "Estou quebrantado, mas não estou louco". Pode-se sentir a libertação e o alívio que recai sobre os que ali estão reunidos e afirmam essa verdade uns com os outros.

Uma das melhores coisas em ir ao terapeuta (passei por muita terapia na vida e recomendo!) é ter um lugar onde alguém só ouve. Sim, ele é pago para ouvir, mas é um alívio e tanto despejar minhas ansiedades, confusões e dores e ter alguém ali só para receber as palavras.

Há *tantas* mulheres solitárias que anseiam ser ouvidas, validadas e obter empatia. Salmos 69.20 diz: "Estou quebrado por causa dos insultos. Arrasado, reduzido a nada. Procurei em vão por um rosto amigável. Nada. Não consegui encontrar um ombro para chorar" (AM).

Não temos dinheiro para toda a terapia de que necessitamos, e nunca teremos. Portanto, sejamos ouvintes umas das outras. Vamos segurar o coração umas das outras nas mãos por alguns poucos momentos e validar a importância de cada uma. Vamos confortar umas às outras com o consolo que Deus nos deu (2Co 1.4-8). Taylor Caldwell disse: "A verdadeira necessidade [do ser humano], sua mais terrível necessidade, é a de alguém que o escute, não como 'paciente', mas como uma alma humana".[2]

Existe alguém em sua vida que costuma lhe dizer que você não escuta? Você pode discordar, mas se ela sente que você não a escuta, há uma boa chance de que você não o faça. Pergunte a si mesma: "Como é estar ao meu lado? O que as pessoas ao meu redor experimentam quando estão comigo? Eu deixo as pessoas na defensiva ao exigir que elas deem explicações por seus sentimentos, ou sou compassiva a respeito do sentimento alheio?". Nesta semana, faça questão de deixar essa pessoa derramar seu coração sem que você a julgue ou critique. Apenas escute.

Efésios 4.32 diz: "Sejam bondosos e compassivos uns para com os outros, perdoando-se mutuamente, assim como Deus os perdoou em Cristo".

Quando escutamos ao outro com compaixão, sem presumir que sabemos o que estão pensando ou sentindo, sem julgar ou criticar, adicionamos alegria à sua vida.

Aprecie o esforço alheio

Posso resumir este tópico em uma palavra: *obrigada!* É incrível quanto esta palavra pode fazer para preencher o coração de alguém com alegria. Conforme buscamos cultivar a alegria nos outros, podemos ajudá-la a florescer ao agradecê-los pelo serviço e esforço que fizeram para crescer e mudar.

O apóstolo Paulo era mestre em demonstrar apreço. Toda carta que ele escreveu está repleta de agradecimentos pessoais e palavras de afirmação àqueles que o ajudaram de alguma maneira: "dou graças por vocês", "agradeço a meu Deus toda vez que me lembro de vocês", "agradeço a Deus pela ajuda que me deram desde o primeiro dia até agora".

Ao contrário de Paulo, que era grato, nessa área cometemos o erro de encarar os relacionamentos com o senso de *você me deve*. Ao agir sob o contexto da prerrogativa, você transforma tudo o que alguém lhe dá como oferta de amor em pagamento de dívida. Você acaba pensando: "Por que eu deveria lhe agradecer por fazer isso? Isso é o que você devia fazer".

E a alegria fica distante, pois nada é recebido como presente. Nada é recebido em amor. A outra pessoa sempre tem a sensação de que nunca pode lhe dar o bastante, comparado com tudo o que você sente que fez por ela. A dívida nunca é paga. Essa é uma disputa sem vencedores; você se sente trapaceada e a pessoa que você ama se sente usada. A alegria se esvai.

148 ESCOLHA A ALEGRIA

Outra maneira de cultivar a alegria em uma amiga é expressar prazer com o crescimento espiritual ou emocional que testemunhamos em sua vida. Infelizmente, perdemos essa oportunidade porque achamos que a outra pessoa não está mudando tão rápido quanto deveria. Ela não cresceu o bastante. Ela não aprendeu o bastante. Pensamos: "Não quero aplaudir esse esforço, porque ela vai pensar que não precisa mudar mais. Vai parar de tentar".

Minha netinha, Claire, é um bebê que ainda está aprendendo a sorrir e a murmurejar. Quão estúpido de minha parte seria esperar que ela começasse a falar amanhã! Ela não pode e, mais que isso, não deve. Ela está agindo exatamente como deveria agir nessa idade. Não importa quantas horas eu fique ao lado do berço incitando-a a dizer: "Oi, vovó!"; só vai acontecer no momento certo. Somos tolas quando repreendemos os outros a "crescer mais rápido" em termos emocionais ou espirituais; o crescimento é lento e gradual. Claire precisa de minha confirmação de que seus murmúrios são amáveis e doces e que eu aprecio cada um deles. À medida que Claire cresce, cada sessão de aplausos entusiásticos para seus esforços farão que ela deseje continuar tentando.

Mais uma vez, o apóstolo Paulo estabelece um exemplo para seguirmos. Parece que ele passou a maior parte do ministério incentivando os outros a crescer em Cristo, escrevendo belas palavras de ânimo, afirmação e aplauso. "Quero muito estar aí [...] e vê-los crescer fortes diante dos meus olhos!" (Rm 1.11, AM); "Novamente estou sofrendo dores de parto por sua causa, até que Cristo seja formado em vocês" (Gl 4.19); "Portanto, meus queridos irmãos, [...] sejam fortes e firmes" (1Co 15.58, NBV). Por vezes, ele fala como um pai amoroso, dando palavras de correção e repreensão quando necessário, mas seu apreço pelo esforço alheio jamais vacilou.

Paulo apenas refletia a paciência e a afirmação que o Pai *dele* manifestou e, então, passou-as aos que vieram após ele. Você está convencida de que Deus se agrada de seus esforços, mesmo que ele deseje que você continue mudando e crescendo? Se a resposta é sim, será mais fácil ter paciência com os passos de criança que seus amigos e familiares estão dando. Mudar é difícil assim. Sem encorajamento, pode parecer impossível.

A maioria das pessoas ao seu redor está se esforçando para realizar mudanças na vida. Receber aplausos de alguém que percebe seus esforços lhes dará a alegria que os encorajará ainda mais.

MUDAR É POSSÍVEL

Nos dois últimos capítulos, vimos maneiras pelas quais deixamos de cultivar a alegria em nós mesmas e nos outros: legalismo, preocupação, compulsão pelo trabalho, perfeccionismo, cinismo, criticismo, egoísmo e ingratidão. Se você mantém essas atitudes, não vai experimentar alegria.

É certo que você pode realizar algumas mudanças menores, capazes de deixá-la mais feliz e melhorar seus relacionamentos pessoais, mas essas mudanças não necessariamente a levarão à alegria. A alegria não é um ajuste superficial nas atitudes, mas uma firme certeza sobre Deus, uma serna confiança em Deus, e uma obstinada escolha de louvar a ele em toda situação. A alegria opta por encarar a vida pela perspectiva de longo prazo ao invés do ângulo do curto prazo, sempre olhando à frente para as coisas melhores. Somente os que estão convencidos de que Deus está no controle do futuro podem ceder o controle a outros hoje. Os que creem que Deus acabará por consertar todas as coisas podem se dar ao luxo de esperar com paciência agora. Os que entregaram o bem-estar da alma aos cuidados de um Deus gracioso podem sorrir para os dias vindouros.

Escolher cultivar graça, confiança, equilíbrio, aceitação, pensamentos positivos acerca dos outros, amor sem julgamentos, empatia e apreço fará a alegria crescer em você, transformando o âmago de sua vida e a essência de quem você é.

Uma última palavra enquanto falamos de mudança e crescimento em relação à nossa resposta do coração. Se estivessem dispostas a fazer uma confissão verdadeira, algumas de vocês teriam de admitir que não se sentem muito bem nesse momento. Vocês reconhecem as formas destrutivas com que matam a alegria em si mesmas e nas pessoas ao seu redor; mas, em vez de se disporem a mudar, vocês convencem a si mesmas da mentira: "É assim que eu sou. Sempre fui assim, e todo mundo sabe disso. Não consigo mudar. Quando estou sob estresse, não consigo reagir de outro modo. Você sabe de onde eu vim; pega leve".

Queridas irmãs, permitam-me gentilmente sugerir que sua atitude revela um desses quatro problemas possíveis (ou uma combinação deles): 1) você foi gravemente ferida ao longo da vida, e sua linguagem, atitude e comportamento ríspido são tentativas de se proteger da vulnerabilidade; 2) você tentou mudar em inúmeras ocasiões e falhou miseravelmente, e qualquer conversa sobre mudança só conduz você ao desespero; 3) você está com raiva, percebe-se amarga e sente-se num estado ativo de rebelião contra as exigências aparentemente impossíveis de Deus; ou 4) você simplesmente ainda não permitiu ao amor de Cristo ir fundo o suficiente no solo de seu coração para transformar o antigo você no novo você (1Co 5.7).

Achamos que a mudança acontece quando Deus nos conduz com um chicote, mas, na verdade, a mudança mais duradoura acontece quando nos aproximamos de seu coração compassivo e permitimos que ele nos abrace. Assim como o coração de Jesus se partiu pelo sofrimento da viúva em Lucas 7, o coração dele sofre por *seu* sofrimento. Ele nos convida a sermos transformadas no contexto de seu amor fiel e inabalável. Você não precisa mais ter medo. A mudança real é possível. Você e eu podemos de fato ser mulheres de alegria, cultivando-a em nós mesmas e na vida dos que amamos.

Oração

Deus, quero ser alguém que oferece às outras pessoas perdão, encorajamento e amor sem julgamento. Quero ser alguém que ouve bem, alguém que presume o melhor das pessoas e não julga os motivos delas. Preciso de ajuda para fazer isso, porque é algo que não vem naturalmente de mim. Age por meio de mim para construir alegria nos outros. Em nome de Jesus, amém.

Para reflexão e aplicação

1. Você consegue pensar em maneiras como matou a alegria na vida de outras pessoas? Qual desses itens é mais comum para você: cinismo, criticismo, egoísmo ou ingratidão?
2. Peça a Deus para ajudá-la a ser uma transmissora de alegria esta semana.

PARTE 4

A alegria é uma escolha do comportamento

Maneiras de escolher a alegria diariamente

Fiquei intrigada com os resultados de uma pesquisa recente da Healthways, uma empresa de melhoria do bem-estar que, em parceria com a Gallup, avalia diariamente as atitudes e os comportamentos dos norte-americanos. O jornal *USA Today* pediu à Healthways para determinar, a partir de seus dados, o que contribui para aumentar o bem-estar da maior porção demográfica hoje nos Estados Unidos — mulheres entre 45 e 55 anos. O *USA Today* chama essas mulheres de "as mulheres mais felizes dos Estados Unidos".[1]

De acordo com o jornal, a maioria das mulheres no círculo de maior bem-estar da Healthways são brancas e vivem na Califórnia, em comunidades tranquilas longe dos grandes centros urbanos. Elas não gastam mais que dez minutos para ir até o trabalho e se exercitam trinta minutos por dia (até seis dias por semana). Comem muitas frutas e legumes e não são obesas. Possuem diploma universitário e empregos em tempo integral. Desfrutam de boa saúde física e emocional e têm índice de massa corporal (IMC) abaixo de 30. São casadas, nunca se divorciaram e deram à luz entre os 27 e os 36 anos. Elas não cuidam de crianças pequenas ou de pais, sogros ou cônjuges doentes. Essas mulheres de sorte têm de quatro a doze amigas íntimas com quem podem contar.

Aí está. Você esteve se perguntando o que seria preciso para fazê-la feliz, e agora você sabe.

A primeira coisa que pensei foi: "O que isso significa para os milhões de mulheres norte-americanas que têm menos de 45 anos, têm mais de 55, não são brancas, não vivem na Califórnia, gastam mais de uma hora por dia até o trabalho, comem frutas e legumes enlatados, apresentam IMC acima de 30, enfrentam problemas sérios de saúde, são divorciadas, cuidam de crianças pequenas ou de pais idosos (ou de ambos) e têm somente três amigas íntimas com quem podem contar? Elas podem ser felizes?".

O fato é que a vida da maioria das mulheres não pode ser medida por esse barômetro artificial da felicidade. Assim, em vez de ficarmos desanimadas por isso, precisamos reformular a conversa e perguntar: "Como é que as mulheres que não serão coroadas 'As Mulheres Mais Felizes dos EUA' encontram uma vida significativa, valorosa e alegre?". Como passamos da teoria para a prática todos os princípios, as passagens das Escrituras e as ideias que estamos analisando? Como fazemos da alegria uma escolha de nosso comportamento? Esta seção trata das maneiras como podemos escolher alegria de forma regular, independentemente de comermos frutas frescas ou enlatadas!

9 Voltando ao básico

Tu me conheces por dentro e por fora,
conheces cada osso do meu corpo.
Sabes exatamente como fui feito: aos poucos;
como fui esculpido; do nada até ser alguma coisa.

Salmos 139.15-16, AM

Podemos abraçar nossas feridas e fazer um santuário de nossas tristezas, ou podemos oferecê-las a Deus como um sacrifício de louvor. A escolha é nossa.

Richard Exley

Sabemos que Jesus foi um homem de alegria e um homem de tristezas. Sua vida nos dá permissão para buscar uma vida de alegria para nós mesmas. Sabemos também que a alegria é uma convicção de nossa mente, com a verdade nos transformando ao longo do tempo, bem como uma atitude de nosso coração, conforme cultivamos respostas adequadas às provações.

Agora é hora de agir. Você vai ler este livro e pensar: "É, isso é legal. Quem sabe um dia eu possa fazer algo do tipo?" ou você vai ser praticante da Palavra de Deus, passando da teoria para a prática? Lembre-se de que a alegria não tem a ver com sentimentos felizes. É uma firme certeza *sobre* Deus. Uma serena confiança *em* Deus. E uma obstinada escolha de dar nosso louvor *a* ele em todas as coisas. Significa escolher a alegria vez após vez, nos altos e baixos, nos prós e contras do dia a dia. E começa com uma volta aos princípios básicos.

O MAIS IMPORTANTE: CUIDE DE SI MESMA

Como já foi abordado, falamos muito de nossas prioridades e de como gastamos nosso tempo. Para ser honesta, acredito que as palavras *prioridades* e *culpa* acabam sendo usadas de maneira indistinta por muitas de nós. De fato, um de nossos passatempos favoritos (mas muito doentio) é fazer listas de prioridades na vida — Deus, família, emprego, amigos, ministério, lazer etc. — e, então, torturar-nos diante da maneira preocupante como fazemos um péssimo trabalho em cada área! Por que fazemos isso a nós mesmas? É incrivelmente disfuncional e pouco saudável, além de completamente inútil.

Um dos itens da lista de prioridades importa mais que os outros, mas estou disposta a apostar que este item nem mesmo está na lista de prioridades da maioria de vocês. Àquelas que foram criadas na igreja, pode parecer egoísta e totalmente antíbíblico de início, mas, amigas, sua primeira prioridade deveria ser você. *Você importa.* Seus pensamentos importam, suas opiniões importam, suas mágoas e feridas importam, seus sonhos e metas importam. Você importa para Deus. Importa para sua família. Ao entender isso, você pode focar em quem você é em Cristo e em que áreas precisa crescer. Em pouco tempo, a verdade de que você importa se tornará um alicerce para a alegria.

> Você importa para Deus. Importa para sua família. Ao entender isso, você pode focar em quem você é em Cristo e em que áreas precisa crescer.

Eu acredito que cuidar de si mesma — cultivar o corpo, a alma e o espírito — pode ser *a chave* para escolher a alegria diária. Para voltar ao básico, comece por simplificar a vida. Gosto de livros de organização doméstica e de gestão pessoal, mas não é o que tenho em mente quando digo que você precisa simplificar sua vida. Simplificar a vida não diz respeito a pôr armários em ordem ou livrar-se do lixo; não diz respeito a eliminar atividades em sua agenda para que você possa realizar mais. Simplificar significa focar em quem você é em termos físicos, emocionais e espirituais, de modo que quem você é possa ganhar vida, pronta para receber e dar alegria.

Você e eu estamos envolvidas — superenvolvidas — em um zilhão de atividades. Quando ficamos superenvolvidas em coisas que podem não importar daqui cinco anos, não deixamos tempo nenhum para nós mesmas. Não deixamos tempo para nos cultivarmos em termos físicos, emocionais e espirituais. E quando não nos cultivamos, o pouco fogo que queima dentro de nós, o zelo e a paixão que nos levantam de manhã e nos impulsiona para o mundo todos os dias, começam a desaparecer. Nesse ambiente de frieza, é extremamente difícil sentir alegria. É extremamente difícil cultivar alegria em outra pessoa, uma vez que nosso fogo interior morreu. Nossa alma fica estéril, árida e seca.

No caso de você ainda não ter percebido, permita-me partilhar um segredo: ninguém vai cuidar de você. Não quero dizer isso de forma cínica. Não quero dizer isso de um jeito "brigue com o marido, o namorado, os pais, os filhos". Só quero dizer que, no fim do dia, ninguém fará por você as três coisas que veremos em seguida. Ninguém pode fazê-las. É por isso que vivo de acordo com este lema: controle o controlável e deixe o incontrolável para Deus. Muitas variáveis atuam na composição de minha vida diária; algumas delas estão sob meu controle, mas muitas não. Você e eu devemos aceitar a responsabilidade por controlar o que podemos e deixar o resto para a soberania de Deus. Eu escolhi controlar os três seguintes aspectos de minha vida, cultivando, assim, a mim mesma.

Aspecto físico

Rick e eu visitamos recentemente o cirurgião cerebral da Ucla que operou nossa nora Jaime, muitos anos atrás. No corredor, conversando com ele, contamos-lhe sobre o Plano Daniel, um programa anual que desenvolvemos em nossa igreja para ajudar as pessoas a se alimentar direito e a ficar em forma. (Para saber mais, acesse: <www.danielplan.com>.) O médico ficou bastante animado e disse: "Vocês sabiam que 80% das pessoas hospitalizadas estão ali devido a escolhas de estilo de vida? Se os cristãos começassem a ser mais responsáveis acerca de suas opções de vida, poderíamos melhorar radicalmente a saúde de nosso país!".

Sim, 80%. É um número impressionante! Os hospitais estão cheios de pessoas como você e eu, que fazem escolhas nutricionais e físicas medíocres e depois acabam com diabetes, doenças cardíacas, pressão arterial alta e colesterol elevado.

Sei que este é um assunto delicado, mas vale a pena explorá-lo com cuidado. Nossas escolhas físicas não são uma questão à parte de nossa vida com Deus. Paulo diz:

> Ou vocês não sabem que o corpo é um lugar sagrado, onde mora o Espírito Santo? Vocês percebem que não podem viver de qualquer maneira, desperdiçando algo pelo qual Deus pagou um preço tão alto? A parte física não é mero apêndice da parte espiritual. Tudo pertence a Deus. Portanto, deixem que as pessoas vejam Deus no corpo de vocês e através dele.
>
> 1Coríntios 6.19-20, AM

Não há outra maneira de interagir com a graça de Deus ou ministrá-la aos seres humanos senão pelo corpo físico. Assim, se nosso corpo está aos pedaços — fraco, cansado, sem energia — e não opera na velocidade ideal pelo fato de não cuidarmos de nós mesmas, subtrairemos o que Deus pode fazer através de nós.

Levei um tempo para chegar a esta conclusão, mas descobri que tenho controle total do que entra em minha boca. Ninguém me força a comer. Ninguém me segura. Ninguém me faz comer algo que eu não queira. Eu como o que escolho comer. É que eu tenho problemas (talvez você também) com um braço direito hiperativo. Meu braço hiperativo está constantemente jogando coisas em minha boca. Mas essa é minha responsabilidade. Não posso culpar ninguém mais. Não posso culpar meus genes. Não posso culpar nada além de um braço que está em constante movimento para colocar comida na minha frente.

Há diversos estudos que mostram que as pessoas mais ativas apresentam menos enfermidades resultantes do estilo de vida. Até mesmo o dr. Mehmet Oz disse que o melhor segredo antienvelhecimento é fazer todo o possível para impedir a si mesmo de enfraquecer.[1] Trinta minutos por dia de algum tipo de atividade é tudo o que precisamos para evitar os quilos extras e o custo cada vez mais alto do envelhecimento de ossos e músculos.

É claro, estou falando de forma generalizada; este é um tópico amplo e sobre ele há milhares de livros, *sites* e outras fontes que entram nos mínimos detalhes acerca da saúde e da condição física. Não quero parecer insensível às questões de saúde que são genéticas, causadas por acidentes, ou que parecem surgir do nada. Estou falando àquelas de nós que poderiam — mas usualmente preferem não fazê-lo — controlar o que comem, o grau de atividade que praticam, quanto dormem e a forma física que têm.

Nosso corpo é algo do qual podemos aprender a cuidar, a fim de que possamos encontrar alegria em cumprir o que Deus nos pede para fazer.

Aspecto emocional

Cada uma de nós foi ferida por familiares, amigos, circunstâncias que causamos a nós mesmas, bem como coisas que estão além de nossas escolhas pessoais. Algumas das feridas nos magoaram, nos desanimaram e nos deixaram danos. Para sentir alegria diária, porém, precisamos assumir a responsabilidade por nossa força e saúde emocional, a despeito de nossas feridas. Lembrem-se de meu lema: controlar o controlável e deixar o incontrolável para Deus.

Sei como é sentir dor. Algumas feridas cicatrizaram o suficiente para deixar marcas, mas outras estão tão abertas hoje quanto no dia em que foram infligidas. Mas o que farei a respeito? É fácil lamentar. Difícil é ter coragem de começar a mudar, de encontrar possibilidades de cura.

Algumas de nossas partes quebradas requerem o cuidado, o conforto e o conselho de pessoas sábias que podem gentilmente, mas com firmeza, guiar-nos de volta à saúde emocional. No início de nosso casamento, quando conflitos, diferenças e mágoas do passado ameaçavam destruir nossa relação, Rick e eu decidimos que precisávamos de aconselhamento profissional para ajudar-nos a construir um casamento forte. Não tínhamos dinheiro para pagar o aconselhamento — éramos estudantes universitários — mas demos um jeito. Ao longo dos anos, tomamos essa decisão múltiplas vezes e somos muito gratos por tudo que aprendemos de profissionais devotos que investiram em nossa saúde emocional.

Não evite pedir ajuda quando estiver emperrada. Nos Estados Unidos, no Celebrando a Recuperação, nós dizemos no nosso programa cristão de doze passos: "Se você pudesse ficar bem agora, você ficaria, mas como não pode, não vai ficar". Talvez você precise de aconselhamento profissional, como nós precisamos, e sim, aconselhamento profissional custa dinheiro, mas há muitos que oferecem seus serviços em troca de uma oferta voluntária. A maioria das igrejas conta com uma equipe de membros que oferece aconselhamento básico, e algumas igrejas maiores possuem conselheiros leigos treinados que trabalham sem custo nenhum. Milhares de igrejas ao redor do mundo oferecem o Celebrando a Recuperação, até mesmo no Brasil (<www.celebrandoarecuperacaosp.com.br>). Espero que você encontre alguma unidade numa igreja perto de sua casa. Há serviços gratuitos de saúde mental oferecidos pelas prefeituras e por assistentes sociais, bem como inúmeros grupos de apoio *on-line* para todos os problemas imagináveis.

Dor e fraqueza emocional não resolvida podem fazer da escolha da alegria diária um desafio. Lembre-se, porém, queridas irmãs, de que em última análise devemos escolher ativamente fazer o possível para cuidar de nós mesmas no âmbito emocional.

Dizendo num tom mais leve, o que você faz que gera vida em si mesma emocionalmente? No meu caso, tocar piano nutre minha alma interior. Não sou uma grande pianista, mas, quando toco, expresso coisas que não consigo colocar em palavras, coisas que não sei como articular. Tocando piano, acesso sentimentos e emoções dentro de mim, permitindo-me criar algo belo que libera minhas emoções.

Todas nós precisamos de um escape para a liberdade e para a expressão criativa. Para você, pode ser dançar ou cantar. Pode ser cozinhar, pintar ou cuidar do jardim. Pode ser fazer bordados, praticar esportes ou exercícios. Seu escape criativo não só é *algo bom; é necessário para a saúde emocional.*

As jovens mães provavelmente estão gritando comigo: "É, talvez seja possível daqui a dez anos, quando eu não passar a noite toda acordada com um bebê em amamentação ou correndo atrás de uma criança de um lado a outro do apartamento". Eu ouço vocês — ouço de verdade — e recordo vividamente essa fase desgastante, mas deliciosa, da vida. Mesmo que não pudesse lembrar, vejo minha filha e minha nora vivenciarem isso toda semana. Esse empurrãozinho para cultivar sua vida interior deve dar ânimo, não desânimo. Você não tem de fazer nada grandioso, mas escolher um caminho pequeno para que possa estimar a si mesma: tome um banho (sozinha), leia um capítulo de um bom livro, visite uma comunidade virtual estimulante, deixe o bebê com uma amiga durante duas horas de silêncio abençoado, tente uma receita nova — seja lá o que reanime você. Lembre-se de duas coisas: primeiro, você importa! Segundo, controle o que puder controlar. Deus não nos responsabiliza por coisas além de nosso controle.

Para todas nós — em todas as fases da vida de uma mulher — uma importante forma de assumir responsabilidade por nossa saúde emocional é fazer algo criativo, que permita que nosso espírito seja cultivado ao derramarmos vida sobre nós.

Aspecto espiritual

Você é tão íntima de Deus quanto deseja ser. Eu sou tão íntima de Deus quanto desejo ser. A Bíblia nos assegura que Deus jamais vai nos deixar ou abandonar. Ele não vai nos desamparar nem se afastar de nós. Portanto, se há uma distância em sua caminhada com Deus, uma sensação de frieza, não é porque Deus se moveu. Deus não muda de lugar. A Bíblia é clara: Deus não perdeu nada de seu amor ou paixão por você. Em alguma parte na caminhada com ele, você permitiu que houvesse distanciamento. Se deseja retornar à intimidade com Deus, cabe a você fazer o que é preciso para voltar ao lugar onde se sente íntima dele.

Assim como é mais fácil culpar meus genes pela tendência de ganhar peso em torno da cintura do que conscientizar-me do que estou comendo e escolher ser mais ativa, e assim como é mais fácil culpar as feridas relacionais que recebi por minha imaturidade emocional do que buscar conselhos sábios e orientação de pessoas espiritualmente maduras, é muito mais fácil culpar Deus pela distância entre nós e me afastar dele do que fazer as coisas que sei serem capazes de restaurar a proximidade. A verdade é que na maioria do tempo não queremos controlar o controlável em nossa vida, pois, se o fizermos, o nível de responsabilidade pessoal que devemos assumir aumentará radicalmente, e, sejamos francas, isso é desconfortável.

> Simplificar significa focar em quem você é em termos físicos, emocionais e espirituais. [...] Se você quiser escolher alegria diária, esse é o lugar para começar.

Ninguém além de mim determina pela manhã se eu me levantarei e passarei tempo com Deus. Ninguém determina quanto orarei a não ser eu. Rick não consegue fazer isso por mim. Não posso pedir a ele. Não posso lhe pedir para ter fé por mim. Não posso lhe pedir para entregar-se a Deus em meu nome. Não posso lhe pedir para depositar minha esperança em Cristo. Eu tenho de fazê-lo. Você tem de fazê-lo.

Se quisermos ser íntimas de Deus e ver nosso relacionamento com ele se desenvolver e amadurecer, temos de agarrar as rédeas de nossa vida espiritual e tomar as decisões de entrega, de dizer sim a Deus, de confiar nele e colocar sua Palavra em prática. Ninguém além de nós pode fazer isso acontecer.

Portanto, não simplifique a vida para que possa realizar mais. Simplifique a vida para que possa se concentrar no que importa — e é *você* que importa. Simplificar significa focar em quem você é em termos físicos, emocionais e espirituais. Se você quiser escolher alegria diária, esse é o lugar para começar.

Conheça quem você é e procure um mentor de alegria

Você e eu estamos numa jornada para desenvolver alguns novos hábitos; queremos ser mulheres que reajam à vida com alegria, não com tristeza. Assim, precisamos estar perto de pessoas que já estão fazendo isso e podem reforçar esses novos hábitos em nós.

John Ortberg, o autor de *Sendo quem eu quero ser*, sugere que encontremos mentores de alegria: pessoas que estão um pouco adiante de nós nessa estrada. Encontre uma mulher que pareça ser uma pessoa alegre e fique o mais perto dela possível. Preste atenção nela. Faça-lhe perguntas; descubra como ela chegou à escolha de encarar a vida com alegria. Não estou falando de alguém que tem uma personalidade marcante. Estou falando de uma mulher que, ao longo dos altos e baixos da vida, desenvolveu uma firme e profunda certeza acerca de Deus e de sua bondade, que crê que no final tudo vai ficar bem, e que repetidas vezes demonstra disposição para louvar a Deus em todas as coisas.

Todas nós precisamos de mentores de alegria maduros como modelos, mas deixe-me falar sobre os mentores de alegria mais doces que existem: as crianças! Ninguém tem senso de humor melhor que as crianças pequenas. Ninguém. Elas riem de qualquer coisa! Você bate em si mesmo na cabeça, elas riem. Você faz barulhos engraçados, elas riem. Você faz caretas, elas riem. "De novo!", exigem. E elas imploram que você faça mais uma vez, e outra e mais outra, até ficar exausta. E se você alguma vez rir de algo que elas fazem, esqueça sua lista de afazeres, porque elas vão alegremente repetir diversas vezes a ação e esperar que você ria tanto quanto elas riram para você — toda vez.

Crianças pequenas são uma fábrica de alegria! Como a maioria delas ainda não vivenciou as realidades dolorosas e ásperas deste mundo, elas riem sem motivo aparente; elas se acabam de rir! Não sentem vergonha de derrubar comida da boca enquanto riem. Não se importam se caem da cadeira de tanto rir. Elas rolam no chão rindo. Mesmo algumas das crianças mais vulneráveis do planeta sabem como rir de algo. As crianças fornecem o modelo mais puro que se pode encontrar de alegria desinibida e ousada.

Talvez não haja crianças em sua vida, ou as que você tem não vivem por perto. Então, como fazer para acessar um desses pequenos mentores de alegria? Talvez você possa se voluntariar ao ministério de crianças na igreja ou a um programa de recreação infantil. Visite os filhos da vizinha. Sorria para o bebê que fica fazendo barulhinhos felizes no restaurante. De modo geral, exibimos uma carranca às crianças por fazerem barulho, e esmagamos a alegria que elas têm. Não esmague a alegria! Ela vai embora bem rápido. Desfrute a alegria que as crianças pequenas possuem, porque elas ainda estão cientes de que foram criadas para serem alegres.

Mais uma palavra sobre a busca intencional por estar perto de pessoas alegres. Ficamos parecidos com as pessoas com quem andamos, para o bem ou para o mal. Todo pai sabe disso. É por isso que 1Coríntios 15.33 ("As más companhias corrompem os bons costumes") foi um dos versículos que ensinamos nossos filhos a memorizar desde cedo!

Se você tem pessoas azedas, negativas e deprimidas por perto o tempo todo, começará a assumir as atitudes delas. Acontece. Estudos demonstram que pessoas que vivem com quem tem depressão acabarão apresentando sintomas de depressão. Certo, a depressão não é contagiosa como a gripe. É um vírus emocional que desgasta a resiliência do depressivo, bem como das pessoas que estão por perto.

Não me interpretem mal, pensando que estou dizendo que, se há por perto alguém com depressão, você deve evitá-lo. Estou dizendo apenas que você precisa contrabalancear tais relacionamentos com pessoas alegres, de modo que seu nível de alegria possa crescer.

Conservação da alegria: evite ninharias

Não são apenas as coisas grandes que nos roubam a alegria, mas as centenas de pequenas irritações, decepções menores e mal-entendidos irritantes que se acumulam ao longo do dia e conseguem azedar nosso humor. Mesmo que aprendamos a obter um bom controle sobre preocupações, perfeccionismo, cinismo, graça, perdão e empatia, ainda existem incontáveis maneiras de a alegria desaparecer se não estivermos vigilantes quanto a nossas escolhas e respostas comportamentais.

Por exemplo, minha mesa de trabalho fica defronte a uma janela no térreo, com vista para o estacionamento do pequeno complexo em que meu escritório está localizado. Cada edifício possui determinado número de vagas de estacionamento, que são concedidas com base na metragem quadrada do prédio. O edifício ao lado abriga uma clínica médica, e é evidente que os funcionários são instruídos a *não* estacionar perto do prédio a fim de que os pacientes possam estacionar mais próximo da entrada. Porém, em vez de estacionar na esquina, onde há mais espaços, os funcionários da clínica estacionam nos espaços em frente ao *meu* prédio! E considerando que minha janela está a poucos metros do estacionamento, eu os vejo estacionar em *nossas* vagas — incluindo as vagas bem em frente à minha porta — todos os dias, há anos. Isso não me incomodava tanto até o dia em que eu estava entrando no carro e uma das funcionárias da clínica começou a reclamar para mim, dizendo que, de vez em quando, pessoas que participavam de reuniões em meu conjunto de escritórios estacionavam no estacionamento *deles*! Consciente de meu papel como representante de Jesus Cristo, segurei a língua e disse polidamente: "Lamento pelo inconveniente. Irei lembrá-los de virem num carro só da próxima vez".

Por fora eu era calma, gentil e serena. Mas por dentro, era uma massa fervilhante de raiva e amargura; eu queria muito lançar comentários sarcásticos naquela mulher cujas reclamações eram tão injustas. Tive de morder a língua para não dizer: "Ah, entendi. Não há problema seus funcionários estacionarem no *meu* espaço cada mísero dia da semana, mas você fica toda nervosinha quando, de vez em nunca, alguém vem ao meu escritório e estaciona em uma de *suas* vagas? Será que não tem alguém sendo um pouquinho hipócrita aqui?".

Desde aquele momento, fiquei insanamente ciente da injustiça que se desenrolava todos os dias *bem diante de meus olhos!* Assistir aos funcionários do escritório ao lado estacionarem nos meus espaços começou a me irritar de tal maneira que minha pressão arterial aumentou. O que antes eu nem sequer percebia acabou por se tornar tudo o que eu podia ver. Toda manhã eu resmungava, bufava e murmurava para mim mesma; ocasionalmente, eu fazia que meus funcionários lamentassem comigo enquanto assistíamos ao flagrante desrespeito e comportamento injusto.

Tenho vergonha de admitir quanto tempo e energia emocional concedi a esse pequeno problema antes de finalmente ter uma boa conversa comigo mesma. Lembrei a mim mesma de que, no âmbito geral da vida, quer aquelas pessoas observem a etiqueta apropriada de estacionamento ou não, aquilo simplesmente não era tão importante assim, e era algo absolutamente indigno da frustração, raiva, amargura e perda de alegria que eu estava me permitindo experimentar. Como não podia controlá-las, tinha de *me* controlar.

Ainda não é sempre que consigo gerir sentimentos felizes em relação a meus vizinhos de trabalho; por isso, minha estratégia para a conservação da alegria é simples: abaixar as cortinas! Desse modo, não me distraio com uma situação que ameaça roubar minha alegria tão necessária.

Sei que soa estupidamente infantil e imaturo — e é. E algumas de vocês estão aborrecidas ou desinteressadas com minha incapacidade de lidar de forma mais madura com "ninharias" como essa. Esse é exatamente o tipo de situação que os especialistas têm em mente quando nos dizem para "não dar bola para coisas pequenas".

Mas aposto que, se você fosse completamente sincera, teria de admitir que também tem desses aborrecimentos com "coisas pequenas" que lhe roubam a alegria vez após vez. Acabamos por julgar uns aos outros sobre coisas pequenas porque o que me faz bater a cabeça na parede talvez não lhe incomode, e o que leva você à loucura pode não me perturbar em nada. Porém, todos nós temos nossos assuntos controversos — ladrões de alegria — que nos fazem focar em coisas que não importam e corroem nosso senso de alegria.

Neste momento, você estaria disposta a dar uma olhada em seu dia a dia e ver se há algum irritante ladrão de alegria à espreita? Assim que identificar as pequenas maneiras pelas quais a alegria evapora de sua vida, a *principal* questão é: o que você está disposta a fazer a respeito? Como disse ao longo de todo o livro, em última análise, experimentar ou não a alegria depende de você. Tudo se resume ao que você escolhe *fazer* em cada situação.

A dádiva da escolha

Que dádiva Deus nos deu ao nos conceder a oportunidade de escolher alegria todos os dias! Paul Tournier, famoso psiquiatra suíço, disse: "Talvez a mais poderosa e não usada dádiva de Deus seja a escolha".[2] A expressão-chave nessa citação é *não usada*. Muitos negam ter escolhas na vida, preferindo em vez disso aceitar e desfrutar a infelicidade. Ficamos ofendidas se alguém nos sugere algo do tipo, mas uma olhada fria e séria no espelho revela a verdade. Você está pronta para *usar* essa dádiva da escolha a fim de tomar posse de sua herança da alegria? Eu estou.

Oração

Pai, reconheço que cabe a mim escolher a alegria em minha vida e abraçar o direito inato que tu me deste. Oro por sabedoria para discernir o que posso e o que não posso controlar. Ajuda--me a cuidar de mim mesma em termos físicos, emocionais e espirituais. Oro também por novos olhos, para ver tudo o que tens feito em minha vida. Quero estar alerta. Quero ser grata. E peço que meu prazer na vida seja uma parte de meu prazer em ti. Que eu possa ver novas maneiras de louvar-te todos os dias. Em nome de Jesus, amém.

Para reflexão e aplicação

1. Faça uma lista de três coisas que você pode controlar em sua vida e comprometa-se a dominá-las. Em seguida, faça uma lista de três coisas que você não pode controlar — e "entregue" essa lista a Deus.

2. Pense nas pessoas que você conhece que veem o lado engraçado da vida. Faça planos para estar com elas esta semana!

10 Amando e rindo juntos

"Vou transformar o choro deles em risadas,
pleno conforto invadirá sua aflição com alegria."
Jeremias 31.13, AM

Não hesite em amar e amar intensamente. Ao amar intensamente, o solo de seu coração será quebrado mais e mais, mas você se regozijará na abundância de frutos que isso causará.
Henri Nouwen

Um de meus passatempos condenáveis favoritos é ficar na fila do supermercado e ler todas as ridículas manchetes sensacionalistas em revistas e jornais. "Bebê de três cabeças nasce em Londres!", grita um. "Governo norte-americano mantém alienígenas em esconderijos situados em sua cidade!", vocifera outro. Junto com as histórias idiotas, porém, há matérias que nos falam que relacionamentos são a chave para a felicidade. Gostaria de reformular essa ideia: Relacionamentos são uma das melhores oportunidades que temos para dar e receber alegria. Não podemos depender deles para felicidade. Mas podemos escolher encontrar neles riso, afeto, prazer e esperança. Às vezes, tudo o que é preciso são pequenas mudanças nos relacionamentos para construir um alicerce duradouro de alegria.

As boas dádivas de Deus: redescubra o prazer
Os norte-americanos são conhecidos por sua intensa busca por saúde, riqueza e felicidade, e por uma alta ênfase no prazer, mas nem sempre foi assim.

174 ESCOLHA A ALEGRIA

Centenas de anos atrás, os puritanos lutaram contra os excessos, a corrupção e a influência política que começaram a se infiltrar na Igreja Anglicana. Depois de altos e baixos na disputa, eles acabaram perdendo poder no país. Alguns migraram para os Estados Unidos e colonizaram porções da Costa Leste — eles são chamados de "os Peregrinos". Além de sua forte ênfase no trabalho duro, na honestidade e na liberdade religiosa, os peregrinos também ensinavam autodisciplina rigorosa e adesão estrita à moralidade bíblica. Em seus esforços para manter a pureza moral, erigiram "cercas" que os distanciavam de qualquer coisa que pudesse tentá-los a pecar. Prazer, felicidade, diversão, gargalhadas e até breves sorrisos eram suspeitos. O prazer podia levar ao excesso, e o excesso levaria ao pecado, que por sua vez levaria à ruína e à destruição.

E assim, começou um período histórico de hipervigilância, em que se viu cristãos evitando qualquer coisa que pudesse, mesmo que remotamente, cheirar a prazer. Isso teve um efeito poderoso no modo como os cristão enxergam o corpo e as sensações em particular.

Embora seja verdade que o prazer fora de controle pode causar dores, hábitos e obsessões destrutivas, não há razão para automaticamente temê-lo ou evitá-lo. Na verdade, o prazer vem de Deus.

É dito em 1Timóteo 6.17 para colocarmos nossa esperança em Deus, "que de tudo nos provê ricamente, para a nossa satisfação". Satisfação e prazer são sinônimos. Esse versículo poderia muito bem dizer: "Ponham sua esperança em Deus, que de tudo nos provê ricamente, para o nosso prazer".

Existem pelo menos quatro abordagens filosóficas em relação a nossas sensações: 1) Negue-as — ensinamento adotado em algumas formas de budismo; 2) Suprima-as — lema do ascetismo; 3) Sacie-as — abordagem hedonista; 4) Desfrute-as — abordagem bíblica.

Deus nos concedeu cinco sentidos. Ele não lhe deu visão somente para impedi-lo de trombar nas coisas. Não lhe deu olfato apenas para que você possa evitar que odores tóxicos saiam de sua geladeira. Não lhe deu tato somente para que você evite queimar-se com a pipoca do micro-ondas. Ele não nos deu nossos sentidos apenas para que possamos evitar a dor, mas também para recebermos o prazer. Nossos sentidos aliviam a dor de viver num mundo dilacerado e abrem uma porta para a alegria.

Alguns anos atrás, recebi um vale-massagem para um *spa* local que acabara de ser inaugurado num *shopping*. Fiquei muito empolgada, uma vez que não fazia ideia do que esperar! Enquanto aguardava minha massagem, havia nozes e frutas secas para comer. Haviam adicionado pepino a uma jarra de água gelada, e o sabor delicado intrigou minhas papilas gustativas. Quando a massagista me levou para a sala de massagem, a iluminação era baixa e as velas brilhavam de maneira convidativa. Os lençóis da cama eram deliciosamente macios em minha pele, e as mãos fortes da massagista trabalhavam o óleo, perfumado com eucalipto e lavanda, nos músculos enrugados de minhas costas. Uma música suave e melódica tocava ao fundo, somando-se à experiência de relaxamento. Visão, audição, tato, paladar e olfato, todos juntos. Durante sessenta minutos, o mundo exterior deixou de existir! Tudo em que me concentrei foi a leveza,

> Nossos sentidos aliviam a dor de viver num mundo dilacerado e abrem uma porta para a alegria.

o descanso e o prazer que vieram enquanto eu desfrutava de meus sentidos.

Nem sempre temos o luxo de uma massagem de *spa*, mas Deus nos convida a receber o prazer todos os dias.

Dê uma volta pela vizinhança algum dia desta semana, não para se exercitar, mas por prazer. Fique sob o sol por alguns momentos; feche os olhos e deixe o calor penetrar sua pele. Tire os sapatos num parque próximo e deixe a grama roçar os dedos de seus pés.

Pegue um pedaço de algo bem gostoso e deslize-o em torno da boca antes de engoli-lo. Tente descobrir o que o torna tão saboroso e delicioso; aprecie a textura, o sabor, o cheiro.

Caminhe lá fora à noite, antes de ir para a cama, e apenas contemple, ouça e sinta a noite. Admire a majestade do céu noturno, deixe a brisa tocar seu rosto, deixe seus ouvidos escutarem os sons da noite.

Quando for se deitar, atente para a sensação que os lençóis provocam. Esfregue os dedos sobre a maciez da colcha, sinta o cheiro do amaciante que perfuma sua roupa de cama. Aninhe-se junto ao travesseiro e sinta o prazer que vem de seu formato reconfortante.

As boas sensações que vêm quando redescobrimos o prazer soam suspeitosamente como felicidade, e não alegria. É verdade que o prazer é temporário, mas a escolha deliberada de voltar os pensamentos ao Doador de todas as boas dádivas faz que a felicidade calce os sapatos da alegria.

BEIJE, BEIJE, BEIJE: EXPRESSE AFETO COM EXTRAVAGÂNCIA

Quando meus filhos estavam crescendo, tentei criar o hábito de interromper seja lá o que estivesse fazendo para estabelecer contato físico com eles assim que entrassem pela porta. Podia ser um abraço ou um beijo em minha filha Amy, ou mesmo um toque no ombro de meus garotos, Josh e Matthew, conforme iam crescendo sem muito interesse nos abraços apertados da mamãe. Qualquer coisa que estabelecesse contato físico era uma maneira de dizer: "Amo você". Não podemos subestimar a importância do afeto físico em nossos relacionamentos.

Em 1Coríntios 13.13, somos instruídos a ter "amor extravagante" (AM). Você é uma pessoa que ama de forma extravagante com seu toque? A maioria de nós distribui amor em pequenas porções, dependendo de quanto a pessoa de quem esperamos amor nos ama de fato. Se ela nos ama bem, estamos mais dispostas a amá-la de modo extravagante. Se ela não nos ama bem, somos avarentas com nosso amor e, assim, com nosso afeto físico. Somos cautelosas ao dar amor, como se ele estivesse em falta e precisasse ser economizado.

Você e eu fomos criadas para a conexão, para estarmos emocionalmente ligadas aos outros. É um fato bem conhecido que o toque físico é *fundamental* para nós, seres humanos, não somente para a saúde emocional, mas para nossa própria sobrevivência. Estudos mostram que idosos morrem mais cedo se não tiverem contato físico. Bebês são mais propensos a serem diagnosticado com "déficit de crescimento" se não forem tocados.

Uma das coisas mais tristes que tenho testemunhado como defensora de órfãos e crianças vulneráveis é a maneira com que a falta de toque físico os afeta.

Acredito firmemente que os órfãos deveriam ser adotados em famílias permanentes; por isso, meus esforços sempre se concentram em remover as crianças dos orfanatos. Em meu trabalho, visito muitos abrigos para crianças, a fim de aprender a respeito dessas pequenas preciosidades.

Uma ocasião em especial se destaca para mim. Em Kigali, Ruanda, na Casa Madre Teresa para Bebês Abandonados, havia cerca de quarenta berços alinhados de ponta a ponta, fileira após fileira. Alguns bebês e crianças pequenas se esticavam, famintas por qualquer par de braços disposto a segurá-las, chorando infelizes quando eram pegas e depois devolvidas ao berço. As mãozinhas se agarravam às nossas, insistindo para serem pegas de novo. Outros bebês ficavam deitados em silêncio no berço, apáticos, com o rosto para a parede, já sofrivelmente cientes de que não havia braços *só para eles*.

Sem o estímulo tátil de pais atenciosos, os pequenos não sabem que são valiosos e amáveis. O desenvolvimento intelectual fica atrofiado, bem como o desenvolvimento emocional, pela falta de afeto físico, e muitas crianças nunca se recuperam dessa perda.

É provável que você não seja órfã, mas talvez tenha sido criada por pais que não expressavam afeto com facilidade ou de modo extravagante. Você, mais que a maioria, sabe quão doloroso é não ter conexão física ou emocional, não ser tocada ou abraçada, não saber que alguém quer apertar você com o abraço mais intenso possível. Ou talvez você foi tocada de maneira inapropriada e está plenamente ciente dos danos que isso causou e como o toque inadequiado deixou feridas em sua alma.

Minhas irmãs, não permitam que o ciclo de desconexão ou abuso continue. Não deixem que as falhas de caráter ou as imperfeições afetem as sucessivas gerações de sua família. Seja você a pessoa a quebrar o ciclo! Você não pode apagar os danos que as gerações anteriores causaram, mas pode criar um novo padrão para si, para seus filhos e netos, e assim por diante. Mesmo que seja difícil para você (e será), trabalhe nisso para que seu coração, sua mente e suas mãos possam amar de modo extravagante.

John Lubbock disse: "Não tenha medo de mostrar afeto. Seja caloroso e terno, atencioso e afetivo. Homens são mais ajudados pela simpatia que pelo serviço; o amor vale mais que dinheiro, e uma palavra gentil causa mais prazer que um presente".[1]

Se você mora sozinha, talvez tenha de ser criativa para encontrar maneiras de expressar amor extravagante. Ainda que as pessoas no trabalho possam olhar desconfiadas se você de repente começar a distribuir abraços, é quase sempre apropriado apertar mãos ou tocar ombros ou cotovelos levemente. Com certeza há pessoas em sua igreja que serão receptivas a um abraço. Do contrário, procure uma igreja diferente!

As pessoas que amam com generosidade e extravagância têm a alma inundada de alegria.

RIA E O MUNDO RIRÁ COM VOCÊ: ENXERGUE O HUMOR

Você sabe que sou uma pessoa do tipo Bisonho — séria, intensa e propensa à depressão. Eu sorrio e brinco com amigos e família, mas não dou gargalhadas muito facilmente — algo tem de ser *realmente* engraçado para me fazer rir alto. Meus pobres familiares se contorcem tentando encontrar um programa de TV ou um filme que eu ache engraçado; recentemente, descobri que eles tiram no dado quem será o cordeiro sacrificial a escolher o filme! Pode ser um pouco de exagero, mas não estou muito longe disso.

Essa é uma das razões por que Rick é tão bom para mim. Como um Tigrão com esteroides, ele traz muita risada à minha vida. Ele me deixa furiosa como mais ninguém, mas também me faz rir como ninguém! Bisonhos precisam de pessoas que possam transitar por baixo de nossa seriedade exterior e acionar nosso bom humor. Para aumentar nosso prazer de viver, para vivenciar a maior alegria, todos nós — não só os Bisonhos — devemos aprender a rir mais.

Você já percebeu que a vida é absurda? Se não fosse, o *America's Funniest Home Videos*[2] não estaria no ar noite após noite para que possamos nos assistir fazendo papel de bobo!

> *Porque* a vida é absurda e nela há sofrimento, preciso de Deus mais que nunca.

Algumas pessoas decidiram que, pelo fato de a vida ser absurda e nela haver sofrimento, Deus não existe. Eu digo que *porque* a vida é absurda e nela há sofrimento, preciso de Deus mais do que nunca. Se não tivesse Deus em minha vida, não conseguiria sobreviver. Sim, a vida é absurda. Sim, há sofrimento. Mas nós vamos *até* Deus em nossa dor, e não *para longe* dele.

Eu ouvi isto um dia desses: "Se algo vai ser engraçado mais tarde, é engraçado agora, então vá em frente e ria". Que belo ponto de vista! Provérbios 15.15 diz: "Todos os dias do oprimido são infelizes, mas o coração bem disposto está sempre em festa". Comece a procurar o humor na vida — mesmo que ela seja absurda.

Uma amiga minha adora contar os momentos mais embaraçosos de seus encontros. Ela conheceu um cara ótimo, e, depois de alguns encontros, o moço a convidou a praticar esqui aquático com ele e seus irmãos, os quais ela não conhecia.

Depois de esquiar, ela estava tentando subir graciosamente de volta ao barco com seu gracioso e pequeno biquíni. Ao subir, porém, a parte inferior do biquíni ficou presa num gancho.

Quando escorregou para dentro do barco, ela e a peça inferior do biquíni se separaram uma da outra. A parte de baixo do biquíni flutuava no lago, enquanto ela ficou exposta em toda a sua glória na frente do novo namorado e dos irmãos dele.

Se isso tivesse acontecido comigo, eu teria pulado na água e me afogado! A minha amiga? Casou-se com o sujeito! Ela disse: "Já que ele tinha visto tudo, então eu poderia muito bem me casar com ele".

Quando minha avó envelheceu, ela perdeu o tônus muscular em determinada parte de sua anatomia, e tinha um pouco de dificuldade com a passagem de gases. Ao caminhar, ela soltava aquele som de buzina. Eu me sentiria totalmente humilhada se algo assim acontecesse comigo, mas ela escolheu enxergar o humor na situação. Lembro-me de ouvi-la dizer: "Tenho 80 anos e, se quero buzinar enquanto ando, eu vou buzinar! Lá vai: Fom-fom-fom!".

Passar pelo câncer de mama não foi engraçado. A quimioterapia garantia que eu iria perder todo o cabelo. Quando começou a ficar ralo, não quis o trauma de vê-lo cair aos tufos. Decidi, então, fazer um ataque preventivo: raspei minha cabeça e comecei a usar peruca.

Embora tivesse lido muito a respeito e conversado com meu médico, eu não estava preparada para a intensidade da dor que aquela experiência causaria. Ainda me emociono quando toco nesse assunto, porque nunca me senti mais vulnerável ou nua em toda a minha vida. Chorei muito no início por conta disso. Mas depois de ter usado a peruca por cerca de um ano, ficou menos traumático. Aprendi a rir da situação.

Recordo claramente um incidente que aconteceu logo depois que eu havia terminado a quimioterapia, mas ainda usava peruca. Eu voltara para a igreja, e estava dando aulas em um de nossos estudos bíblicos para mulheres. Era meu aniversário, e as mulheres me encheram de cartões e presentes. Considerando que eu também segurava meus livros e a Bíblia, meus braços ficaram carregados.

Minha amiga Elizabeth e eu fomos caminhando até o carro quando o vento começou a soprar bem forte. (Consegue ver onde isso vai dar?) À medida que andávamos com os braços carregados, senti o vento atingir a parte de trás da peruca. Antes que percebesse, a peruca saltou de minha cabeça e voou por todo o estacionamento como um esquilo em fuga.

Elizabeth e eu começamos a gritar de tanto rir. Ambas corremos atrás da peruca, mas, uma vez que nossos braços estavam carregados de coisas, a única maneira de deter a tal peruca acrobática era saltando sobre ela. Quando enfim a peguei, nós caímos de tanto rir. Onde está o *America's Funniest Home Videos* quando você precisa dele?

Mais ou menos naquele momento, vi um carro enorme se aproximando bem devagar em nossa direção. Uma amiga ocupava o volante, e os olhos dela estavam arregaladíssimos!

— Você viu o que aconteceu? — perguntei, ainda rindo.

— Sim! Mas não sabia se ajudava você ou se seguia adiante e fingia não ter visto nada.

— Bem, você devia ter me ajudado a caçar minha peruca — disse a ela.

Alguns meses mais tarde, quando ainda usava a peruca, fui convidada a falar na abertura de um evento feminino de fim de semana na igreja. Estava tentando explicar às mulheres que elas precisavam ser vulneráveis. Deus ia falar com elas nos próximos dias, e, a fim de receber o que ele ia dizer, precisavam baixar a guarda e se pôr vulneráveis diante dele.

Eu lhes contei sobre a vez em que perdi minha peruca no estacionamento da igreja e quão vulnerável me senti. Não planejei, mas quando cheguei à parte da história em que o vento levava minha peruca, impulsivamente estendi a mão e derrubei a peruca na plateia. Elas gritaram: "Uuuuui!", como se eu tivesse jogado uma cobra ou algo do tipo. Por fim, uma senhora corajosa na fileira da frente a pegou e a jogou como uma batata quente no canto do palco.

> Risos e lágrimas vêm do mesmo poço profundo da alma.

Eu já havia chorado. Era hora de rir.

Risos e lágrimas vêm do mesmo poço profundo da alma. É por isso que às vezes nós rimos até chorar e às vezes choramos até rir. Se você ri, mas não consegue chorar, precisa de ajuda. Se chora, mas não consegue rir, você precisa de ajuda. E se não consegue nenhum dos dois, definitivamente precisa conversar com uma boa amiga ou conselheira.

Deus deseja que você seja capaz de chorar livremente e rir às gargalhadas, assim como fez Jesus. Quando consegue reconhecer tanto o sofrimento quanto o amor à sua volta, você dá mais um passo na direção da verdadeira alegria.

O MOMENTO É AGORA: ALIVIE O FARDO DE ALGUÉM

É incrível quanta alegria pode crescer em seu coração quando você escolhe carregar o peso de alguém. Gálatas 6.10 diz: "Portanto, enquanto temos oportunidade, façamos o bem a todos, especialmente aos da família da fé". Em Hebreus 13.16, lemos: "Não se esqueçam de fazer o bem e de repartir com os outros o que vocês têm, pois de tais sacrifícios Deus se agrada".

Na maioria das vezes, agimos com o mínimo de atitude — uma espécie de mão imaginária é colocada à nossa frente, agindo como um escudo protetor que impede os outros de nos incomodar, intrometer-se em nosso caminho, ou interromper nossos planos para aquele dia. Imaginamos que, se mantivermos a cabeça e os olhos voltados para baixo, não teremos de fazer contato visual com ninguém que possa atrapalhar nossos projetos.

É claro, todas nós temos dias preenchidos até a borda, com prazos iminentes e crises inesperadas, o que faz o ato de aliviar a carga de alguém uma coisa impraticável, na melhor das hipóteses, e francamente inconveniente, na pior. Contudo, essa atitude pode se tornar um estilo de vida em que começamos a pensar que todo mundo existe para nos servir, atender às nossas necessidades, ajudar-nos a concluir nossas tarefas, facilitar nossa vida — desde garçons e atendentes de lojas a caixas de banco. E se eles são mais lentos do que nos convém, atrapalham-se com algo ou cometem um erro, é bem provável que perderemos a paciência. "Você está aqui para me servir!".

Não sei você, mas posso ficar com a visão truncada num piscar de olhos! Posso ficar tão focada em minhas coisas que não consigo ver o que está acontecendo na vida de outra pessoa.

Aprendi isso a meu respeito de modo bem complicado, anos atrás. Novos vizinhos — recém-casados — se mudaram para a casa ao lado da nossa. A esposa era extrovertida, engraçada e calorosa, e eu a convidei algumas vezes para nos visitar. Quando nos sentamos na cozinha e conversamos, observando meus filhos brincarem, percebi que havia um poço de tristeza dentro dela, mas não sabia o que era. Era possível ver a dor em seus olhos quando ela olhava para as crianças, embora parecesse realmente se preocupar com elas.

Não demorou muito para ela me contar que o casamento estava com problemas e que eles provavelmente se divorciariam. Ela estava inconsolável por isso, e, é claro, fiquei triste por ela. Convidei-a para ir à igreja, e acho que ela apareceu uma ou duas vezes. Disse-lhe que Rick tinha alguns vídeos sobre casamento e que eu os levaria para ela, mas minha vida estava tão corrida — cuidava de crianças e era bastante ativa no ministério — que tive essa coisa de visão truncada. Estava focada em minha própria família e em minha vida. Depois de algumas semanas, lembrei-me de minha promessa e levei-lhe a série de vídeos de Rick sobre casamento.

Um dia, quando eu estava no quarto de meu filho caçula, pude ouvir a vizinha chorando em seu quarto, que ficava bem perto de nossa casa. Meu coração sofreu por ela. Pensei: "Tenho de ir falar com ela esta semana. Tenho de fazer isso. É óbvio que ela está sofrendo muito". Mas eu estava ocupada demais.

Então, certo sábado, eu estava limpando a casa e fazendo todos os afazeres de fim de semana. Eu corria de um lado para outro, da casa até a garagem, indo e voltando, durante toda a manhã. De alguma forma, naquela manhã, com todas as idas e voltas até a garagem, não enxerguei o envelope que ela havia deixado em minha varanda. Ao abri-lo, encontrei os vídeos de casamento que eu lhe entregara, e também uma nota de suicídio. Dizia: "Quando você ler isto, eu estarei morta. Não posso passar por outro divórcio. Por favor, enterrem-me com meu vestido de noiva. Obrigada por ser minha amiga".

Eu fiz o que você teria feito. Surtei. Corri até a casa dela. Não pude ir até a porta da frente por causa do grande portão que havia na entrada da casa, então bati na porta da garagem. Colei uma mensagem ali. Deixei mensagens no telefone, implorando aos prantos para ela aguentar firme e não fazer nada contra si mesma. Disse-lhe que me importava com ela e prometi ajudá-la, que estaria lá por ela — qualquer coisa... mas "por favor, não faça nada".

Lembro-me de que eu tinha o número do celular de seu marido e liguei para ele.

— Você está ciente do que está acontecendo? — perguntei.

— Ela faz esse tipo de coisa o tempo todo. Não é nada — respondeu ele.

Eu lhe disse:

— Não sei o que ela fez no passado, mas acho que desta vez é sério. É real. Eu imploro que você tente encontrá-la.

Ele, porém, me ignorou.

Cerca de uma hora depois, o marido retornou a ligação, histérico porque ela havia disparado um tiro contra si mesma na frente dele e estava na UTI. Embora eu estivesse horrorizada com a tragédia que se desenrolava, perguntei se poderia visitá-la, e ele disse que sim.

No hospital, segurando sua mão e orando por ela, ciente de que logo seria retirada da UTI, orei: "Deus, por favor, perdoa-me por estar tão consumida com as necessidades de minha família a ponto de não ver que esta querida mulher estava desesperadamente no limite. Não vou me esquecer disso. Não vou. Não vou me martirizar por causa disso, mas não vou esquecer. Usarei este fato o resto da vida, a fim de me lembrar de não esperar ter mais tempo para me tornar uma doadora".

Por favor, entenda: não sei se alguma coisa que eu pudesse dizer teria feito diferença no desfecho dessa história. A verdade é que quando as pessoas finalmente decidem dar cabo da própria vida, muitas vezes elas o fazem. A responsabilidade que eu levo, e o que não esqueci mesmo depois de mais de vinte anos, é isto: se eu quero ser uma doadora, tenho de me tornar uma doadora já.

As pessoas com quem você convive hoje estão ali por uma razão. Talvez você sinta que não tem nada para dar, que você mesma está vazia, mas Deus lhe dará o que for necessário para que você dê a elas.

Nos dias do apóstolo Paulo, a igreja na Macedônia se encontrava num estado deplorável de pobreza. Eram os mais pobres dentre os pobres. Mas eles ouviram falar da necessidade da igreja de Jerusalém, e levantaram uma oferta. Paulo diz que eles ofereceram sua pequena oferta transbordando de alegria. Não permitiram que o fato de não possuírem nada para dar os impedisse de serem doadores:

> No meio da mais severa tribulação, a grande alegria e a extrema pobreza deles transbordaram em rica generosidade. Pois dou testemunho de que eles deram tudo quanto podiam, e até além do que podiam. Por iniciativa própria eles nos suplicaram insistentemente o privilégio de participar da assistência aos santos.
>
> 2Coríntios 8.2-4

Talvez você esteja num estado deplorável de pobreza financeira; doe um quilo de arroz para uma instituição de caridade. Talvez esteja num estado deplorável de pobreza emocional; você ainda pode abraçar alguém. Talvez esteja num estado deplorável de pobreza espiritual; sussurre uma palavra de incentivo a alguém. Não espere até ter mais dinheiro, mais energia, ou tudo isso junto para se tornar uma doadora. Descubra o prazer de servir.

CELEBRANDO DIARIAMENTE

Você e eu fomos abençoadas com cinco sentidos para aumentar nosso desfrute e prazer naquilo que, por vezes, pode ser uma vida bem difícil. Podemos usar nossos sentidos para tornar a vida mais agradável a nós mesmas e às pessoas mais próximas ao amar de modo extravagante, ao rir dos absurdos da vida, e ao estar alerta às maneiras de partilhar o fardo de uma amiga. Encontre uma razão para celebrar *algo* bom diariamente, mesmo nos dias em que seria mais fácil cobrir a cabeça e impedir a entrada dos problemas. Henri Nouwen diz: "A celebração [...] é a afirmação incessante de que, debaixo de todos os altos e baixos da vida, flui uma sólida corrente de alegria".[3] Portanto, viva, ame e ria hoje, numa alegre celebração por dispor de paladar, tato, visão, olfato e audição.

Oração

Pai, tu me deste muitas dádivas: a liberdade de amar os outros com toques e palavras, a capacidade de sentir emoções e a presença de pessoas alegres ao meu redor. Ajuda-me a ver meus relacionamentos e circunstâncias como tu vês. Desejo amar, rir e viver de modo extravagante! Em nome de Jesus, que chorou e riu, amém.

Para reflexão e aplicação

1. Analise as medidas práticas mencionadas no tópico "As boas dádivas de Deus: redescubra o prazer" e escolha uma maneira de desfrutar a vida por meio de seus sentidos.
2. Pense em sua rotina diária, com seus familiares entrando e saindo de casa. O que você pode fazer para introduzir um momento de conexão física nessas ocasiões?

11 Enxergando a alegria em todas as coisas

O Senhor é a minha força e o meu escudo;
nele o meu coração confia, e dele recebo ajuda.
Meu coração exulta de alegria,
e com o meu cântico lhe darei graças.

Salmos 28.7

> Pois para o coração que encontra alegria nas pequenas coisas, em todas as coisas, cada dia é um presente maravilhoso.
>
> Autor desconhecido

Um traço de uma pessoa alegre é a capacidade de ver além de si e de suas circunstâncias, percebendo que o eterno é mais importante que o temporário e fazendo escolhas que refletem esperança em relação ao futuro. Mas paradoxalmente, focar na eternidade significa também reconhecer o poder do momento presente. Este é o momento de escolher ser alegre. Este é o momento de amar. E este é a ocasião para sermos gratas pela bondade que Deus pôs no momento à nossa frente.

De olhos abertos: pratique a gratidão

Quando estavam no ensino médio, meus filhos participavam de uma viagem missionária anual ao México com nossa igreja. Na volta de cada viagem, havia uma reunião em que os jovens tinham de partilhar com a família e os amigos as experiências e lições da viagem. Eu esperava com grande expectativa toda vez, sabendo que ia ouvir histórias de mudança de vida.

Era sempre igual. Jovem após jovem se levantava e falava — muitos em meio a lágrimas — sobre aproximar-se mais de Deus e dos colegas. Mais que tudo, falavam sobre quão gratos eram pelas bênçãos materiais de Deus para eles. Muitos desses estudantes nunca haviam saído dos Estados Unidos antes e estavam despreparados para a vida que a maioria do mundo vivencia diariamente. Eles gaguejavam e se enrolavam ao tentar articular como foi chocante testemunhar a extensão da pobreza terrível, a carência de necessidades básicas, e a dificuldade da vida para o cidadão mexicano comum. Mais e mais, as palavras que passavam por seus lábios eram: "Eu sou muito grato".

Subscrevo o sentimento deles. Tendo viajado a 21 países nos últimos dez anos, tive muitas oportunidades de ver a devastação que a pobreza, a doença e os líderes corruptos têm causado a inúmeros de nossos companheiros humanos. Meu coração se parte em mil pedaços por causa do sofrimento. Sair de minha zona de conforto me leva a dizer as mesmas palavras daqueles alunos: "Eu sou muito grata".

Mas não é preciso viajar muito para desenvolver um coração grato. Isso começa com a escolha de abrir os olhos para ver a bondade de Deus hoje, aqui e agora. Colossenses 4.2 diz: "Fiquem atentos, de olhos bem abertos, em atitude de gratidão" (AM). A alegria está enraizada na gratidão. Não é possível ter um coração alegre sem ter um coração grato. E não se pode ser uma pessoa grata sem experimentar alegria. Os que louvam a Deus sentirão alegria. Os que são alegres agradecerão a Deus. Alegria e gratidão sempre andam juntas.

A maioria de nós anda por aí com uma venda espiritual gigantesca nos olhos, focando no que não tem em vez de ser grata pelo que tem. "Por que ela pode comer chocolate o dia todo e seus quadris permanecem iguais? Por que ela está casada e eu não? Por que ela tem aqueles filhos e eu tenho estes filhos? Por que ela conseguiu um aumento e eu não? Por que eles vivem ali e eu tenho de viver aqui? Por que eu orei para meu ente querido ser curado e ele não o foi, mas o ente querido dela sim?" Como adverte C. S. Lewis, nós temos a tendência de "rejeitar o bem que Deus nos oferece, pois, naquele momento, esperávamos outro tipo de bem".[1]

Em vez de nos enchermos de gratidão pela bondade, pela gentileza e pela generosidade de Deus por nós, somos cegadas por nossas necessidades não atendidas e o acusamos de não se importar conosco. A alegria não cresce na presença da ingratidão.

Quando seu coração não vê a bondade divina, você não diz "obrigada" a Deus. Você não experimenta alegria quando coloca energia em algo que não possui, em algo que não aprecia, em algo que gostaria que fosse diferente. Você ignora tudo o que Deus já fez e continua a fazer em seu favor.

No Antigo Testamento, lemos acerca dos israelitas que construíram altares para agradecer a Deus. Eles não construíram apenas o altar do tabernáculo e o templo, mas também monumentos de pedra durante suas viagens, a fim de agradecer a Deus pela maneira como ele se manifestara na vida deles.

Em Josué 4, por exemplo, Deus diz a Josué para escolher doze homens, um de cada tribo de Israel, tomar doze pedras do meio do rio Jordão e colocá-las no local de parada dos sacerdotes que carregaram a arca da aliança.

Depois que isso foi feito, Josué disse aos israelitas:

> No futuro, quando os filhos perguntarem aos seus pais: "Que significam essas pedras?", expliquem a eles: Aqui Israel atravessou o Jordão em terra seca. Pois o SENHOR, o seu Deus, secou o

192 ESCOLHA A ALEGRIA

Jordão perante vocês até que o tivessem atravessado. O Senhor, o seu Deus, fez com o Jordão como fizera com o mar Vermelho, quando o secou diante de nós até que o tivéssemos atravessado. Ele assim fez para que todos os povos da terra saibam que a mão do Senhor é poderosa e para que vocês sempre temam o Senhor, o seu Deus.

Josué 4.21-24

Por gerações, pessoas passaram por aquela pilha de pedras, um altar que representava algo que Deus havia feito. Deus sabia que os israelitas eram um povo esquecido, mas eles obedeceram à ordem divina de marcar a presença dele em sua vida, de modo que eles, e os que vieram em seguida, se lembrassem de sua bondade.

Não é muito provável que você e eu construamos um monumento de pedra em nosso quintal esta semana. Porém, desafio você a fazer uma caminhada nos próximos dias e encontrar uma pedra — uma pedra grande o suficiente, que capte sua atenção assim que a ver. Leve-a para casa, coloque-a em sua mesa ou no balcão da cozinha, e deixe ali como um lembrete visível para agradecer a Deus por estar presente em sua vida. Essa pedra de lembrança conduzirá você de volta a um lugar de gratidão. Então, você poderá louvar a Deus como fez o rei Davi em Salmos 126.3: "Sim, coisas grandiosas fez o Senhor por nós, por isso estamos alegres".

É possível que algumas de vocês estejam prontas para ir mais adiante no processo de transformar-se em mulheres de gratidão — se não por outro motivo, para aumentar o próprio nível de alergia. Alguém já disse: "Pois para o coração que encontra alegrias nas pequenas coisas, em todas as coisas, cada dia é um presente maravilhoso". Durante anos, minha cunhada, Chaundel, manteve um diário de gratidão, anotando um item pelo qual agradecer a

Deus a cada dia. Há dias em que o "agradecimento" é simples como "Obrigada, Deus, pelo Taco Tuesday",[2] ou "Obrigada, Deus, pela chuva", ou "Obrigada, Deus, por meu marido paciente". Não é de admirar que ela tenha um coração grato e alegre.

Você está aqui: viva o momento

Uma de minhas melhores amigas, Dee, tem cinco filhos, dois deles com paralisia cerebral, e um deles, Meagan, com paralisia cerebral grave.

Certo dia, quando Meagan era mais nova, Dee estava no chão com as outras quatro crianças. Elas riam e faziam cócegas umas nas outras, e faziam todas essas coisas bobas que as crianças adoram fazer. Meagan estava sentada em sua cadeira de rodas, assistindo, melancólica, às travessuras.

Dee decidiu tirar Meagan da cadeira de rodas e descê-la ao chão, para junto de seus irmãos. Os músculos de Meagan são bem rígidos, e ela quase não tem capacidade de controlar seus movimentos. Desse modo, sentar-se no chão com seus irmãos bagunceiros a deixou numa posição relativamente vulnerável. Mas no instante em que Dee a pôs no chão, o rosto dela se iluminou com um sorriso do tamanho do rio Amazonas. Seu prazer em estar no meio de seus irmãos patetas era palpável. Dee ficou no canto da bagunça feita por suas preciosas crianças e disse a si mesma: "Estou *amando* este momento!".

Dee teve de colocar Meagan de volta à cadeira de rodas alguns minutos depois? Sim. Ficar no chão com os irmãos curou a condição física de Meagan? Não. Aquele momento de diversão removeu o ferrão das limitações, a dor ou as dificuldades? Não. Porém, quando abriu o coração para viver o momento, Dee abriu o coração para a alegria.

Poucos meses depois, eu estava andando na praia com um de meus filhos, que enfrentava sérios desafios. Ao contrário de seus irmãos, ele não ia para a escola — tinha de fazer as coisas de modo diferente. Eu sofria pelo que estava acontecendo na vida dele e na minha.

Um dia, após uma intensa tempestade, fomos ver a maré alta. Havia troncos, galhos e lixo espalhados pela areia. A praia não estava bonita. Havia nuvens escuras no céu, que combinavam com meu humor. Eu ficava pensando: "Não gosto disso, Deus. Quero que ele desfrute a vida como uma criança normal de sua idade. Isso é tão triste".

Tive uma súbita lembrança da conversa que Dee e eu tivéramos meses antes. Dei uma pausa em meus pensamentos pesarosos e olhei para meu filho. Naquele momento, ele estava rindo, correndo pela praia, esquivando-se das ondas e perseguindo uma gaivota. Eu disse: "Deus, estou amando este momento!". A situação não se alterou; os desafios permaneceram tão assustadores quanto eram minutos antes, mas, ao reformular conscientemente a dor, tive paz. Apreciar o momento não remove a dor, mas abre espaço para a alegria.

Para experimentar alegria todos os dias, aprenda o que significa viver o momento. Repare que eu não disse viver *para* o momento. Viver *para* o momento é algo irresponsável e leva a decisões das quais você pode vir a se arrepender. Talvez você já tenha um testemunho do que significou viver *para* o momento.

Viver *o* momento nos ajuda a reconhecer que Deus pode ser encontrado naquele instante, haja alegria ou tristeza. Perfeccionista que sou, estou sempre à espera do momento *perfeito* antes de desfrutá-lo. Mas nada é perfeito! É por isso que a Bíblia nos incentiva a aproveitar "ao máximo cada oportunidade" de fazer o bem (Ef 5.16). Aproveite ao máximo o momento. Aproveite ao máximo a oportunidade de escolher a alegria.

O problema é que somos gananciosas. Não queremos apenas momentos. Queremos dias, semanas, meses e anos. Queremos uma vida toda. E se não pudermos ter imensos blocos de tempo que sejam maravilhosos e relaxantes, decidimos que não podemos ser alegres.

Entretanto, por vezes os momentos são tudo o que temos. Você e eu podemos decidir que nós dispomos *deste* momento, e que escolheremos apreciá-lo. Não estamos negando a existência de problemas. Não estamos dizendo que nossa vida está embrulhada de modo impecável, com um laço por cima, e que temos tudo planejado. Significa apenas que este momento é um presente de Deus, e nós iremos apreciá-lo. Iremos amá-lo.

Mike Mason diz: "A decisão de alegrar-se no presente altera não apenas o presente, mas também minha visão do passado, além de inflamar meu futuro com esperança".[3]

Parei de exigir que um momento dure mais do que é possível. Não exijo que um momento seja algo além do que é: um breve espaço de tempo concedido por um Pai gracioso. Espremerei cada gota de prazer *deste* momento, pois não sei quando o próximo virá.

Raramente estamos satisfeitos com o dia de hoje. Gastamos muito tempo lamentando o passado que não se pode repetir, desejando refazer tudo; ou então desperdiçamos energia com preocupações e ansiedade acerca do futuro irreconhecível. De uma forma ou de outra, o *hoje* é ignorado ou minimizado.

Em Salmos 118.24, lemos: "Este é o dia em que o Senhor agiu; alegremo-nos e exultemos neste dia". Tente o seguinte exercício: repita esse versículo em voz alta, enfatizando uma palavra diferente a cada vez.

> *Este* é o dia em que o SENHOR agiu; alegremo-nos e exultemos neste dia.
>
> Este *é* o dia em que o SENHOR agiu; alegremo-nos e exultemos neste dia.
>
> Este é o *dia* em que o SENHOR agiu; alegremo-nos e exultemos neste dia.
>
> Este é o dia em que o *SENHOR* agiu; alegremo-nos e exultemos neste dia.
>
> Este é o dia em que o SENHOR *agiu*; alegremo-nos e exultemos neste dia.

Você vai se surpreender com a maneira como o versículo ganha vida. Algo vai começar a se mover dentro de sua alma, e você vai parar de insistir que Deus lhe dê dias, semanas, meses, anos, uma vida toda. Vai parar de procurar a ocasião perfeita para começar a viver. Você vai começar a desfrutar os momentos de sua vida a partir de agora.

Se você quiser aumentar o nível de alegria em seu coração, tem de decidir que, esteja sofrendo ou não, este é o momento em que você está. Deus pode ser encontrado agora.

A ESCOLHA DE REGOZIJAR-SE: ENCONTRE A BÊNÇÃO EM MEIO À BAGUNÇA

Corrie ten Boom era uma holandesa que, com sua família, escondeu judeus dos nazistas durante a Segunda Guerra Mundial. Quando um informante holandês os delatou, os Ten Boom foram presos e mandados para campos de concentração.

Em seu livro, *O refúgio secreto*, Corrie narra sua experiência com a irmã, Betsie, em um famoso campo de concentração na

Alemanha chamado Ravensbruck. (Betsie morreu ali, poucos dias antes de Corrie ser liberta.)

Quando Corrie e Betsie chegaram aos alojamentos de Ravensbruck, Betsie agradeceu a Deus por todos os aspectos daquele lugar miserável, incluindo as pulgas espalhadas nos cobertores finos e sujos. Corrie pôde agradecer a Deus por ter uma Bíblia, por estar com a irmã, e até pelas mulheres ao redor, mas tinha séria dificuldade de agradecer a Deus pelas pulgas.

Corrie e Betsie queriam dirigir um estudo bíblico para mulheres no sufocante e superlotado alojamento. Se existe um inferno na terra, é um campo de concentração. E se houve mulheres carentes de saber que havia um Deus que as amava e não se esquecera de seus nomes, eram aquelas mulheres. Mas Corrie sabia que, se os guardas as vissem dirigindo um estudo, ela e a irmã poderiam ficar sem comida, ser torturadas ou até mortas.

Assim, quando começaram a realizar os estudos, tiveram cautela. Logo perceberam, porém, que nenhum guarda as incomodava. Embora os guardas parecessem estar presentes em cada momento do dia, a impressão era de que eles nunca se importavam com aquela parte do alojamento.

Betsie descobriu por quê: eles não queriam se aproximar daquelas pulgas horríveis. As mulheres podiam estudar a Bíblia, orar e louvar a Deus por causa das pulgas. As irmãs descobriram que *havia* uma razão para agradecer a Deus por todas as coisas.

Não estou certa de que poderia agradecer a Deus por estar coberta de pulgas. Mas Betsie vivia nossa definição de alegria: ela tinha a firme certeza de que Deus estava no controle de todos os detalhes de sua vida, a serena confiança de que no final tudo daria certo, e a obstinada escolha de louvar a Deus em todas as coisas. Ela fez a *escolha* de regozijar-se.

Alguns anos atrás, ouvi um consultor profissional dizer que uma das maneiras de diminuir o estresse e aumentar a alegria é encontrar a "bênção na bagunça". Encontrar a bênção na bagunça é uma forma secular de expressar Romanos 8.28: "Sabemos que Deus age em todas as coisas para o bem daqueles que o amam". Mesmo em nossa pior dificuldade, podemos encontrar bênçãos se procurarmos por elas.

Quem encontra bênçãos na bagunça? As pessoas naturalmente alegres e felizes? Talvez. As pessoas que são magras, bonitas e talentosas? Não necessariamente.

As pessoas que encontram bênçãos na bagunça são aquelas que as buscam intencionalmente. Em toda obra de arte, há uma falha; em tudo que existe de bom na terra, há algo não muito certo. Mas os trilhos paralelos do bom e do mau significam também que em tudo que há de ruim podemos encontrar algo louvável. Como se diz em Filipenses 4.8: "Resumindo, amigos, o melhor que vocês têm a fazer é encher a mente e o pensamento com coisas verdadeiras, nobres, respeitáveis, autênticas, úteis, graciosas — o melhor, não o pior; o belo, não o feio" (AM).

> As pessoas que encontram bênçãos na bagunça são aquelas que as buscam intencionalmente.

Encher a mente com coisas boas não quer dizer viver em negação. Quer dizer olhar para a bagunça de nossa vida e encontrar o lugar onde a alegria se esconde. Os dois trilhos paralelos da alegria e da tristeza correm inseparáveis até o dia em que encontraremos Jesus Cristo. Enquanto você e eu vivermos nesse meio tempo, procuraremos as bênçãos, procuraremos o que é certo.

Uma mulher que perdeu recentemente o marido me falou de uma alegria inesperada em sua vida. "Você não vai acreditar", ela disse, "mas um de meus tesouros neste momento é o meu quarto. Meu marido havia reformado nosso quarto pouco antes de morrer. Agora, ao andar ali, vejo o que ele preparou para mim. Vejo seu amor por mim espalhado em todas as coisas que ele fez. E, quando entro no quarto, digo em voz alta: 'Obrigada. Obrigada por mostrar o seu amor para mim'".

A maioria de nós presumiria que entrar naquele quarto traria uma nova onda de pesar por tudo de que ela sente falta. Mas essa é uma mulher que, em sua caminhada madura com Deus, decidiu procurar alegria, um tesouro na difícil escuridão.

Muitas vezes, quando coisas ruins acontecem conosco, as primeiras palavras a sair de nossa boca são: "Por quê?", "Por que eu?". Philip Bernstein disse: "Não temos o direito de perguntar quando uma tristeza vem: 'Por que isto aconteceu comigo?', a menos que façamos a mesma pergunta por toda alegria que aparece em nosso caminho".[4]

Não sei se você percebeu ou não, mas Deus raramente responde a essa pergunta — pelo menos não com as palavras que queremos ouvir. Como diz C. S. Lewis em seu romance *Till We Have Faces* [Até que tenhamos rostos]: "Sei agora, Senhor, por que tu não proferes nenhuma resposta. Tu mesmo és a resposta. Perante tua face, as perguntas desaparecem".[5]

Algumas das dificuldades em que você e eu estamos foram causadas por nós mesmas. Algumas delas foram causadas por outras pessoas. Algumas aconteceram pelo simples fato de que vivemos num mundo de dor. Mas eis uma verdade de que estou certa: é a partir das dificuldades de nossa vida que o ministério vem. É a partir das dificuldades que achamos que jamais serão redimidas, que jamais poderão conter uma bênção escondida, que Deus deseja trazer-nos o ministério. E é desse ministério e da intimidade com Deus que vem grande alegria.

Minha vida teve inúmeras dificuldades que continham muitas bênçãos. Meu casamento teve um começo muito, muito difícil. Houve anos em que Rick e eu não sabíamos se íamos conseguir. Estávamos comprometidos um com o outro, crentes de que as promessas que fizemos um ao outro diante de Deus nos uniam, mas não nos parecia possível superar as diferenças. Tivemos de perdoar um ao outro por muita coisa; tivemos de retroceder vez após vez e dizer: "Vamos recomeçar".

Posso notar a bênção oculta naquela bagunça quando mulheres vêm até mim e dizem: "Você não sabe o que é viver em um casamento que você não está certa de que vai funcionar. Não pode me dizer que eu deveria permanecer no casamento ou que deveria continuar a trabalhar nele, porque você não sabe o que é isso". Eu posso olhar para elas e dizer: "Sim, eu sei. Eu entendo algumas coisas pelas quais você está passando. E eu sei que se Deus pode pegar duas pessoas tão diferentes quanto Rick e eu e construir um relacionamento belo, estável e feliz, ele pode fazer o mesmo por você". Havia uma bênção escondida naquela bagunça.

Quando o filho do zelador de nossa igreja me molestou na infância, não me parecia haver bênção nenhuma ali. Aquilo criou anos de problemas e fraquezas. Mas por fim procurei aconselhamento e, ao longo do tempo, Deus reparou boa parte dos danos. Agora, raramente há uma ocasião na qual eu fale a um grupo feminino em que uma mulher não vá até mim no final da apresentação e diga: "Nunca disse isto a ninguém, mas passei por uma experiência parecida. Se Deus pôde curar você, ele talvez possa me curar também". E a complicação pela qual passei dá esperança a outras irmãs.

Ter câncer de mama e melanoma era definitivamente uma situação de bagunça, mas, como já mencionei, estar doente era, em última análise, uma bênção que abriu portas de ministério as quais, de outra forma, permaneceriam fechadas.

Isto eu posso lhe dizer: naquelas ocasiões descobri uma caminhada mais vibrante e rica com Jesus Cristo do que experimentei em qualquer outro momento na vida. Minha alma ressoa com o apóstolo Paulo:

> Agora, digam-me: não são maravilhosos os caminhos que a tristeza toma para nos aproximar de Deus? Vocês estão mais vivos, mais cuidadosos, mais sensíveis, mais reverentes, mais humanos, mais apaixonados, mais responsáveis. Por qualquer ângulo, o resultado foi maior pureza de coração.
>
> 2Coríntios 7.11, AM

Neste momento, em que oro pela cura de um ente querido, estou à procura da bênção que se esconde na bagunça da enfermidade mental. Confiar em Deus ainda não resultou em cura; porém, e mais uma vez, me vejo diante do mar Vermelho — encurralada por um inimigo cruel que não posso controlar. Oração sem resposta e "bênçãos ocultas na bagunça" estão me ensinando a confiar radical e audaciosamente em um Deus que continua sendo um grande mistério para mim. Mas eis o ponto essencial: eu preferiria caminhar todos os dias nas trevas com um Deus cercado de mistério a caminhar na luz com um Deus que eu entenda por completo. Por quê? Porque é somente na bagunça que começamos a desenvolver a fé vibrante em Deus, a fé que conduz à alegria diária.

Passando a alegria adiante

Uma nova amiga, Becky Johnson, resume a importância do potencial que cada uma de nós possui para levar alegria à vida dos outros quando cooperamos com o processo divino que nos transforma de mulheres de tristeza em mulheres de alegria.

Recentemente, deparei com uma fotografia de meu marido, Greg, no lago Crater, que é o lago mais puro, mais azul e mais profundo dos Estados Unidos. Recordo-me da calma transcendental que há em torno dele. Quando visualizo a palavra *paz*, esta é a imagem que me vem à cabeça.

O lago foi formado por uma erupção vulcânica que abriu uma fenda enorme, a qual recebeu chuvas e neve até formar esse belíssimo lugar de tranquilidade.

Esta não é uma fabulosa metáfora para a vida? Parece que, em algum momento, crises, falhas, erupções (uma "explosão destruidora de tudo que havia antes") acontecem para a maioria de nós e, esperançosamente, abrem espaço em nosso interior, espaço a ser preenchido com chuva fresca do céu. Somos transformadas e, se permitirmos que Deus aja, nos tornaremos uma fonte de profundidade, beleza e serenidade para outras pessoas.

Acaso não é isso que desejamos? Não aspiramos ser mulheres que deixam marcas de bênção na vida dos que tocamos? Não desejamos ver a cura e a restauração dos pontos quebrados em nós a fim de que possamos ser parte da cura e da restauração dos outros? Não ansiamos ser uma inspiração para os que observam nossa vida? Não gostaríamos, do fundo do coração, de estar na restrita lista de mulheres que vivenciam o chamado de Deus para escolher alegria — aconteça o que acontecer? Penso que sim.

Gostar, ansiar, desejar e aspirar não fará acontecer. Porém, se escolhermos nos tornar esse tipo de mulher, seremos capazes.

Pela graça do Senhor Jesus Cristo, e o amor de Deus, e a comunhão do Espírito Santo, nós podemos ser mulheres de alegria.

Oração

Pai, tenho medo. Medo de crer que posso ser diferente, de que posso mudar. Medo de crer que tu podes substituir meu luto pela dança e que posso me tornar uma mulher que sente a tristeza da vida, mas ainda assim escolhe buscar a alegria. Quero viver o hoje, o agora, como alguém que escolhe a alegria. Dá-me força e coragem para procurar tuas bênçãos nesta jornada. Em nome de Jesus, amém.

Para reflexão e aplicação

1. Em que situações você tem se esquecido de ser grata a Deus? Considere começar um diário de gratidão e escrever uma bênção a cada dia durante um mês. Pode ser algo simples, uma palavra ou uma frase.

2. Reserve um minuto para pensar no dia diante de você. Pense nas ocasiões do dia em que você pode desacelerar e viver plenamente os momentos que Deus lhe dá com sua família, com seus amigos e com ele. Comprometa-se a aceitar cada momento em sua imperfeição.

Conclusão

Que o Deus da esperança os encha de toda alegria e paz, por sua confiança nele, para que vocês transbordem de esperança, pelo poder do Espírito Santo.

Romanos 15.13

Ao ler este livro, talvez você tenha sido desagradavelmente surpreendida por constatar que você não é tão forte, tão boa ou tão alegre quanto pensava. Sei o que você quer dizer — eu também não sou. Mas em vez de desistir da busca por alegria, permitamos que essa realidade nos conduza à esperança — esperança de que Deus já está trabalhando dentro de nós, e de que essas agitações em nossa alma de fato significam que a alegria pode ser nossa.

Minhas irmãs, se vamos experimentar alegria nesta vida, só há uma maneira possível: escolhê-la. Teremos de escolhê-la *apesar* das circunstâncias inacreditáveis. Teremos de escolhê-la *no meio* de uma situação que parece quase insuportável. Teremos de escolhê-la *mesmo que* nosso pior pesadelo se torne realidade.

Não é isso que desejamos ouvir. Continuamos a tentar pôr as coisas em ordem e empurrar a sujeira para debaixo do tapete e escorar as partes instáveis, ainda convencidas de que, se conseguirmos nos organizar, finalizar aquele projeto enorme, melhorar a saúde, ganhar um aumento, ou simplesmente ser capazes de fazer as coisas darem *certo*, poderemos enfim ser alegres.

Mas as coisas não cooperam; elas não permanecem em ordem. A sujeira acumula debaixo do tapete, e as áreas instáveis ameaçam derrubar por completo nossa vida construída com tanto cuidado.

Estou bem certa de que isso é uma verdade para todas nós, não só para as perfeccionistas. Se você vai experimentar alegria, deve escolhê-la — apesar de, mesmo que, no meio do que quer que seja. Portanto, pergunte a si mesma: "Que circunstâncias imutáveis tentam me impedir de escolher a alegria? O que está acontecendo agora que pode mudar? E o que não pode? Quais medos do futuro me impedem de optar pela alegria? Onde estou perdendo a chance de fazer essa opção?

O que quer que faça, não perca a alegria. Não perca a razão de sua existência. Passe alguns minutos agora em silêncio e, do fundo de seu coração, fale com Deus. Diga algo assim:

Deus, obrigada por teu amor e tua paixão por mim, e por me aceitares em tua família por meio de Jesus Cristo. Estou surpresa por ser tua amada, mas sou grata eternamente.

Obrigada por Jesus Cristo. A vida dele como homem de tristezas e homem de alegria me deu permissão para buscar uma vida de alegria. Obrigada por teu Espírito Santo, que graciosamente me ofereceu a dádiva da alegria como parte de minha herança espiritual, meu direito inato. Escolho lutar por meu direito de experimentar alegria.

Escolho parar de cavar minhas próprias cisternas rachadas, que não são capazes de conter a água. Escolho não mais recorrer a pessoas, lugares, posições, bens materiais e personalidade para encontrar alegria.

Escolho, em vez disso, encontrar minha alegria na única fonte verdadeira: tu, Senhor! És o único que possui as fontes de água viva que saciam a alma e nunca me deixarão com sede.

Escolho buscar sempre o eterno acima do temporário. Escolho meditar em quem tu és, de modo a alinhar meu sistema de valores com o teu, Deus, com o sistema de valores celestial. É este o lugar no qual escolherei colocar minha mente e meus pensamentos.

Escolho ser uma mulher que cultiva alegria em si mesma e na vida daqueles que colocaste em meu caminho. Escolho ser uma edificadora da alegria em vez de assassiná-la. Escolho desenvolver no coração atitudes de graça, confiança, equilíbrio, aceitação, pensamentos positivos em relação aos outros, amor sem julgamento, empatia e apreço.

Escolho fazer mudanças em meu dia a dia que me ajudem a viver uma vida de alegria. Escolho valorizar-me como me valorizas, a fim de não ser presa pelas pequenas irritações da vida diária. Escolho amar de modo extravagante, aproveitar os prazeres que meus sentidos proporcionam, rir até gargalhar e tornar-me uma doadora hoje, não em algum dia no futuro.

Escolho viver com um coração grato, de olhos bem abertos para ver tua bondade. Escolho amar cada momento da vida que me dás, haja tristeza ou alegria. Escolho buscar a ti e buscar a alegria em cada circunstância difícil que me permitires enfrentar.

Escolho desenvolver uma firme certeza de que estás no controle de todos os detalhes da minha vida. Escolho ter a serena confiança de que no final tudo vai dar certo. E escolho louvar a ti em todas as coisas, mesmos naquelas que não consigo compreender. Eu confio em ti, Deus.

Com coragem, escolho a alegria, pois a felicidade nunca será suficiente.

Eu escolho a alegria!

Notas

Parte 1
Capítulo 1
[1] Chosenfamilies.org. Disponível em: <http://chosenfamilies.org/welcome-to-chosen-families/>. Acessado em: 28 de jun. de 2012.
[2] *Waking the Dead*, p. 34.
[3] P. 27, 43.
[4] Empresa estatal norte-americana de transporte ferroviário. (N. do T.)
[5] A citação exata de Sailhamer é: "A alegria é a profunda e firme confiança de que Deus está no controle de todas as áreas de minha vida", mencionada por Tim Hansel em *You Gotta Keep Dancin'*, p. 54.

Capítulo 2
[1] *When Heaven Is Silent: Trusting God When Life Hurts*, p. 27.

Parte 2
Capítulo 4
[1] *Inside Out*, p. 54.
[2] *When God Interrupts: Finding New Life through Unwanted Change*, p. 124.

Capítulo 5
[1] Versão em inglês disponível em: <http://stdavidsanglican.com/prayermeditation.htm>. Acessado em: 12 de jul. de 2012.
[2] *When I Lay My Isaac Down*, p. 29.

Capítulo 6
1 *Can You Drink the Cup?*, p. 51.

Parte 3
1 *Champagne for the Soul*, p. 26.

Capítulo 7
1 *The World's Last Night: And Other Essays*, p. 86.
2 *Jesus Calling*, p. 59.
3 *The Writing Life*, p. 32.
4 *The Fellowship of the Ring*, p. 50.
5 *Don't Sweat the Small Stuff—And It's All Small Stuff*, p. 9.

Capítulo 8
1 *The Screwtape Letters*, p. 17.
2 *The Listener*, p. 9.

Parte 4
1 Gail Sheehy, "Meet the Happiest Woman in America".

Capítulo 9
1 Para mais informações sobre estudos e pesquisas, visite este *site* mantido pelo governo norte-americano: <www.cdc.gov/physicalactivity/everyone/health/index.html>.
2 Citado por Tim Hansel em *You Gotta Keep Dancin'*, p. 104.

Capítulo 10
1 *The Use of Life*, p. 197.
2 Programa de televisão norte-americano que apresenta vídeos caseiros com pessoas em situações cômicas. (N. do T.)
3 *In the House of the Lord: The Journey from Fear to Love*, p. 67.

Capítulo 11

[1] *Letters to Malcolm: Chiefly on Prayer*, p. 26.

[2] Promoção na qual a rede de restaurantes Taco Bell, especializada em comida mexicana, baixa os preços de seus produtos às terças-feiras. (N. do T.)

[3] *Champagne for the Soul*, p. 22.

[4] Citado por Bob Kelly em *Worth Repeating: More than 5,000 Classic and Contemporary Quotes*, p. 317.

[5] P. 308.

Referências bibliográficas

BARNES, M. Craig. *When God Interrupts: Finding New Life through Unwanted Change*. Downers Grove : InterVarsity, 1996. [Publicado no Brasil como: *Quando Deus abandona: descobrindo uma nova vida através das mudanças*. Campinas: United Press, 2004].

CALDWELL, Taylor. *The Listener*. New York: Doubleday, 1960.

CARLSON, Richard. *Don't Sweat the Small Stuff—And It's All Small Stuff*. New York: Hyperion, 1996. [Publicado no Brasil como: *Não faça tempestade em copo d'água: e tudo na vida são copos d'água*. Rio de Janeiro: Rocco, 1998].

CRABB, Larry. *Inside Out*. Colorado Springs: NavPress, 1988. [Publicado no Brasil como: *De dentro para fora*. Belo Horizonte: Betânia, 1992].

DILLARD, Annie. *The Writing Life*. New York: Harper & Row, 1989.

DUNN, Ronald. *When Heaven Is Silent: Trusting God When Life Hurts*. Fort Washington: CLC Publications, 2008.

ELDREDGE, John. *Waking the Dead*. Nashville: Thomas Nelson, 2003.

HANSEL, Tim. *You Gotta Keep Dancin'*. Colorado Springs: David C. Cook, 1998.

KELLY, Bob. *Worth Repeating: More than 5,000 Classic and Contemporary Quotes*. Grand Rapids: Kregel, 2003.

KENT, Carol. *When I Lay My Isaac Down*. Colorado Springs: NavPress, 2004.

LEWIS, C. S. *Letters to Malcolm: Chiefly on Prayer*. Boston: Houghton Mifflin Harcourt, 2002. [Publicado no Brasil como: *Oração: cartas a Malcolm*. São Paulo: Vida, 2009].

214 ESCOLHA A ALEGRIA

_____. *The Screwtape Letters*, rev. ed. New York: Macmillan, 1982. [Publicado no Brasil como: *Cartas de um diabo a seu aprendiz*. São Paulo: Martins Fontes, 2009].

_____. *The World's Last Night: And Other Essays*. New York: Harcourt, 1960.

_____. *Till We Have Faces*. Grand Rapids: Eerdmans, 1956.

LUBBOCK, Sir John. *The Use of Life*. Charleston: BiblioBazaar, 2009.

MASON, Mike. *Champagne for the Soul*. Vancouver: Regent College Publishing, 2006.

NOUWEN, Henri J. *Can You Drink the Cup?* Notre Dame: Ave Maria Press, 2006. [Publicado no Brasil como: *Podeis beber o cálice?* São Paulo: Edições Loyola, 2002].

_____. *In the House of the Lord: The Journey from Fear to Love*. London: Darton Longman and Todd, 1986.

ORTBERG, John. *The Life You've Always Wanted: Spiritual Disciplines for Ordinary People*. Grand Rapids: Zondervan, 2002. [Publicado no Brasil como: *Sendo quem eu quero ser*. São Paulo: Vida, 2011].

SHEEHY, Gail. "Meet the Happiest Woman in America", *USA Today*, 31 de out. de 2011.

SMEDES, Lewis. *How Can It Be All Right When Everything Is All Wrong?* rev. ed. Wheaton: Harold Shaw, 1999.

TOLKIEN, J. R. R. *The Fellowship of the Ring*. Boston: Houghton Mifflin, 1966. [Publicado no Brasil como: *O senhor dos anéis: a sociedade do anel*. São Paulo: Martins Fontes, 2001].

YOUNG, Sarah. *Jesus Calling*. Nashville: Thomas Nelson, 2004. [Publicado no Brasil como: *O chamado de Jesus*. São Paulo: Sextante, 2012].

Compartilhe suas impressões de leitura escrevendo para:
opiniao-do-leitor@mundocristao.com.br
Acesse nosso *site*: www.mundocristao.com.br

Diagramação:	Arte Ação
Preparação:	Luciana Chagas
Revisão:	Daila Fanny
Gráica:	Forma Certa
Fonte:	Adobe Caslon Pro
Papel:	Off White 80 g/m² (miolo)
	Cartão 250g/m² (capa)